Laura Torres

CUPCAKES

Las magdalenas más «chic» para todas las fiestas

EDICIONES OBELISCO

Si este libro le ha interesado y desea que le mantengamos informado de nuestras publicaciones,
escríbanos indicándonos qué temas son de su interés (Astrología, Autoayuda, Ciencias Ocultas,
Artes Marciales, Naturismo, Espiritualidad, Tradición...) y gustosamente le complaceremos.

Puede consultar nuestro catálogo en www.edicionesobelisco.com

Los editores no han comprobado la eficacia ni el resultado de las recetas, productos, fórmulas técnicas, ejercicios o similares
contenidos en este libro. Instan a los lectores a consultar al médico o especialista de la salud ante cualquier duda que surja.
No asumen, por lo tanto, responsabilidad alguna en cuanto a su utilización ni realizan asesoramiento al respecto.

Colección Salud y Vida natural
CUPCAKES
Laura Torres

1.ª edición: noviembre de 2016

Maquetación: *Marta Rovira Pons*
Corrección: *M.ª Ángeles Olivera*
Diseño de cubierta: *Isabel Estrada*
Fotografías: *Shutterstock, Ithink, archivo PT*

© 2015, Primo Tempo, S. L.
(Reservados todos los derechos)
© 2016, Ediciones Obelisco, S. L.
(Reservados los derechos para la presente edición)

Edita: Ediciones Obelisco S. L.
Collita, 23-25. Pol. Ind. Molí de La Bastida
08191 Rubí - Barcelona - España
Tel. 93 309 85 25 - Fax 93 309 85 23
E-mail: info@edicionesobelisco.com

ISBN: 978-84-9111-142-9
Depósito Legal: B-16.430-2016

Printed in India

¿Cuál es el secreto del éxito de los *cupcakes*?

Unos de ellos, la infinidad de sabores y variantes que va unida a una buena masa de bizcocho y a cremas deliciosas que se añaden por encima, y que se muestra, además, en una fantástica selección de colores y acabados cuyo brillo reluce y seduce a todos.

Desde que se hicieran famosas en una serie de televisión americana las (o «los») *cupcakes* triunfan en el mundo de la pastelería tradicional. La moda de estos pastelitos similares a magdalenas, pero coronados con una crema rica en mantequilla, azúcar, nata o chocolate, procede de Nueva York –donde es un verdadero boom–, y rápidamente se extendió al resto del mundo. A pesar de su éxito reciente, la historia de los *cupcakes* se remonta a principios de 1800, cuando para medir los ingredientes se empezaron a utilizar tazas *(cups)* y de ahí tomaron su nombre.

Mucho más que pequeñas magdalenas decoradas, los *cupcakes* son un buen recurso a nuestro alcance como postre festivo, ya que, además de que resultan fáciles de elaborar, prepararlos es casi un juego. Además, una de las grandes ventajas de elaborarlos en casa es que podemos controlar la calidad de los ingredientes.

¡Y en poco más de media hora ya puedes comenzar a ver los resultados...!

En la primera parte del libro ofrecemos *cupcakes* para todos los gustos y consejos para prepararlos, y en la segunda parte encontraréis recetas de algunos otros postres caseros divertidos y que también están muy de moda.

Abreviaturas de las medidas y significado de los símbolos:

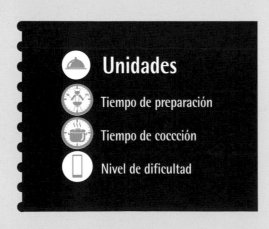

Unidades

Tiempo de preparación

Tiempo de coccción

Nivel de dificultad

c. s. = cucharada sopera
c. c. = cucharadita de café
c. p. = cucharadita de postre

Cupcakes

Trucos y consejos

Los típicos *cupcakes* americanos suelen estar elaborados con una fina pasta sencilla y una rica cobertura a base de queso fresco cremoso o mantequilla con abundante azúcar glas, e ingredientes como chocolate, vainilla y puré de fruta fresca. Aquí tienes unos consejos prácticos para la elaboración de las recetas de *cupcakes*:

- Muchas recetas se elaboran con esencia natural de vainilla, que se puede sustituir por semillas de vainilla; en la mayoría de los casos bastará con las de ½ vaina. Otra posibilidad es sustituir la vainilla por un aroma, en polvo o líquido, o por azúcar avainillado.
- Compra productos frescos y de cultivo biológico, y cuando haya que ponerse manos a la obra, procura que estén a temperatura ambiente. La mantequilla ha de estar blanda para poder batirla bien a la hora de elaborar la pasta o la cobertura. Deberás sacar con antelación los huevos del frigorífico, para que la mantequilla y el huevo se mezclen bien y no se corte la pasta. Asimismo, el queso fresco para la cobertura debe estar a temperatura ambiente para obtener una textura ligera al batirlo con el azúcar glas.
- Para obtener el mejor resultado, se recomienda usar productos lácteos enteros, por ejemplo, yogur o leche con un porcentaje de grasa del 3,5%, y queso fresco extragraso. Ahora bien, si te preocupa tu línea, para la pasta también se puede recurrir a mantequilla baja en calorías y leche desnatada. Sin embargo, para la cobertura no serían adecuados un queso desnatado ni margarina o mantequilla bajas en grasas.
- Las recetas de *cupcakes* son intercambiables, y también se pueden combinar sin dificultad los ingredientes sueltos, con lo que las posibilidades de variaciones se multiplican casi hasta el infinito.

Preparación y conservación de los *cupcakes*

- Los *cupcakes* se pueden hornear en moldes múltiples para magdalenas. Los moldes estándar suelen tener 12 huecos, que se engrasan y enharinan o bien se forran con moldes de papel. Hoy en día se venden moldes especiales con huecos muy pequeños u hondos y sus correspondientes moldes de papel. Si no dispones de un molde múltiple, compra cápsulas de papel y ponlas de dos en dos, una dentro de otra, en la bandeja del horno, o bien haz moldes con papel de aluminio grueso utilizando la base de un vaso como horma.

- Si lo deseas, congela tranquilamente los *cupcakes* antes de untarlos con la cobertura, y cuando los vayas a hacer, descongélalos en el horno unos 10 o 15 minutos a 180 °C. Si te sobra pasta, congélala en moldes o en los huecos de un molde múltiple y, cuando se haya endurecido, conserva las porciones en una bolsa para congelados. Para terminar los *cupcakes*, pon las porciones de pasta tal cual en la bandeja del horno y cuécelas según lo indique la receta, pero prolongando 5 minutos el tiempo de cocción para que los *cupcakes* tengan tiempo de descongelarse del todo.

- Los *cupcakes* con cobertura (y la crema de cobertura sobrante) se conservan 1 o 2 días en el frigorífico dentro de un recipiente hermético. Sácalos de la nevera unos 30 minutos antes de servirlos para que la cobertura no esté demasiado dura.

Cupcakes básicos con glaseado de vainilla

- Precalienta el horno a 180 ºC.
- Corta la mantequilla en dados y bate junto con el azúcar glas durante 3-4 minutos, hasta que la mezcla esté suave y esponjosa. Con azúcar normal, la preparación podría quedar ligeramente granulada. Debe tener un color amarillo claro, sin rastros de mantequilla.
- Añade los huevos y el extracto de vainilla y mezcla durante 2-3 minutos.
- Tamiza la harina y la sal en un cuenco y vierte con cuidado a la mezcla líquida.
- Añade la leche y mezcla todo suavemente 6-7 minutos. La preparación debe tener una consistencia mucho más espesa y pálida.
- Vierte la mezcla en los envoltorios de los *cupcakes* a dos tercios de su capacidad. Agita con cuidado el molde para ayudar a nivelar la mezcla y dale pequeños golpecitos en la superficie de trabajo para eliminar las burbujas de aire no deseadas.
- Hornea durante 20 minutos, o hasta que estén dorados y firmes al tacto. Deja que se enfríen durante 5 minutos y luego pásalos a una rejilla.

Para la cobertura

- Bate la mantequilla durante 1-2 minutos, hasta que esté suave y cremosa.
- Añade el azúcar y el extracto de vainilla y mezcla durante 3-4 minutos, hasta que esté suave. Incorpora el agua hasta obtener la textura deseada.
- Pon la preparación en una manga pastelera o usa un cuchillo redondo para extenderla sobre los *cupcakes*.

Ingredientes
para los *cupcakes*:

- ✓ 125 g de mantequilla sin sal
- ✓ 125 g de azúcar glas
- ✓ 2 huevos
- ✓ 2 c. c. de extracto de vainilla
- ✓ 125 g de harina para repostería
- ✓ una pizca de sal
- ✓ 3 c. s. de leche

Para la cobertura:

- ✓ 75 g de mantequilla sin sal
- ✓ 250 g de azúcar glas
- ✓ 2 c. c. de extracto de vainilla
- ✓ 2-3 c. s. de agua

Mezcla básica y adecuada para la mayoría de cupcakes

Cupcakes dietéticos de vainilla y frutos rojos

Ingredientes para los *cupcackes*:

✓ 1 vaina de vainilla
✓ 110 g de margarina de soja no hidrogenada
✓ 140 g de azúcar integral de caña
✓ 2 huevos bio
✓ 100 ml de bebida de soja
✓ 140 g de harina integral biológica de trigo de molido fino
✓ 1 ½ c. c. de bicarbonato
✓ una pizca de sal marina

Para la cobertura:

✓ 300 g de tofu blando (conviene elegir un tofu blando para hacer la crema; si es el habitual tofu firme, la consistencia quedará granulada, no muy agradable al paladar). De venta en tiendas dietéticas.
✓ 75 g de sirope de ágave o miel
✓ 50 g de frutos rojos deshidratados (u otros al gusto)

- Precalienta el horno a 180 °C.
- Abre la vaina de vainilla y raspa las semillas con la ayuda de un cuchillo.
- Bate la margarina con la vainilla y el azúcar integral. Seguidamente, incorpora los huevos de uno en uno, batiendo entre cada adición y, por último, agrega la bebida de soja.
- Pasa por un tamiz la harina, el bicarbonato y la sal. Agrega poco a poco la harina tamizada a la preparación anterior; mezcla suavemente, sin batir.
- Prepara unos moldes de latón para magdalenas y coloca dentro los moldes de papel (los clásicos de magdalenas). Vierte un poco de masa en los moldes de papel llenando hasta tres cuartos de su capacidad.
- Colócalos en una bandeja para horno y hornea durante 25 minutos o, hasta que al pincharlos con un palillo, éste salga limpio.

Para la cobertura

- Mientras, tritura el tofu con el sirope o la miel hasta obtener una preparación cremosa.
- Una vez cocidos los *cupcakes*, deja enfriar y desmóldalos. Cúbrelos con la crema de tofu y esparce por encima frutos rojos deshidratados picados.

Cupcakes sin gluten

- Precalienta el horno a 180 °C.
- Mezcla el yogur con el azúcar integral y los huevos. Incorpora la avellana molida y la harina tamizada con el bicarbonato y la sal.
- Prepara unos moldes aptos para magdalenas y coloca dentro los moldes de papel (los clásicos de magdalenas). Vierte un poco de masa en los moldes de papel llenando hasta tres cuartos de su capacidad.
- Colócalos en una bandeja para horno y hornéalos durante 25 minutos, o hasta que al pincharlos con un palillo, éste salga limpio.

Para la cobertura

- Mientras tanto, tritura los dátiles (si es necesario, añade un poco de agua caliente para mejorar el triturado) y mezcla con la crema de almendras. Reserva en la nevera.
- Una vez cocidos los *cupcakes*, déjalos enfriar y desmóldalos.
- Cúbrelos con la crema de dátiles y almendra y esparce por encima los pistachos picados y algún cacahuete al chocolate.

Ingredientes para los *cupcakes*:

- ✓ 150 g yogur de cabra o de oveja
- ✓ 100 g de azúcar integral
- ✓ 2 huevos bio
- ✓ 25 g de avellanas molidas
- ✓ 150 g de harina de arroz
- ✓ 2 c. c. de bicarbonato
- ✓ una pizca de sal

Para la cobertura (opcional):

- ✓ 250 g de dátiles deshuesados
- ✓ 150 g de crema de almendras
- ✓ 50 g de pistachos pelados
- ✓ unos cuantos cacahuetes o avellanas recubiertos con chocolate.

Cupcakes con crema de coco

Ingredientes para los *cupcakes*:

✓ 170 g de mantequilla sin sal
✓ 280 g de azúcar integral de caña, molido
✓ 2 huevos (a temperatura ambiente)
✓ 340 g de harina de pastelería
✓ una pizca (o una c. c. muy rasa) de sal
✓ 1 c. c. de levadura
✓ 55 g de coco deshidratado
✓ 240 ml de leche de coco
✓ 1 c. c. de extracto de vainilla

Para el glaseado:

✓ 110 g de mantequilla a punto de pomada
✓ 225 g de queso crema
✓ 60-120 g de azúcar
✓ 20 g de coco rallado (deshidratado)

- Precalienta el horno a 175 °C. Bate la mantequilla con una batidora eléctrica durante 2 minutos, hasta que esté suave y esponjosa. Añade el azúcar y bate de nuevo.
- Agrega los huevos, uno a uno, y luego bate bien. Después de añadir cada huevo a la mezcla parece que se separa, pero con el tiempo suficiente se irá ligando con facilidad.
- Mezcla la harina, la sal y la levadura en polvo, y en otro cuenco, el coco, la leche y la vainilla. Incorpora aproximadamente un tercio de la preparación de la harina con la mantequilla, el azúcar y el huevo, y bate bien durante aproximadamente un minuto.
- Añade más o menos la mitad de la leche de coco y la vainilla y vuelve a batir durante un minuto más. Repite el procedimiento hasta acabar de mezclar todos los ingredientes, secos y húmedos.
- Llena los recipientes dos tercios de su capacidad. Hornea durante 20 minutos, dale la vuelta a la bandeja después de aproximadamente 15 minutos, para que la cocción sea uniforme. Deja que los *cupcakes* se enfríen en el molde durante 2 minutos y luego sácalos del molde y deja enfriar sobre una rejilla.

Para el glaseado

- Bate la mantequilla y el queso crema durante unos 3 minutos.
- Puedes incorporar el coco rallado, o bien extender el queso crema sobre el *cupcake*, ya enfriado, con la ayuda de un cuchillo, o con una manga pastelera de boca ancha.

Cupcakes de limón

- Precalienta el horno a 170 °C.
- Pon la harina, la levadura, el azúcar y la mantequilla en un cuenco y frota la preparación con las manos, para que se mezcle la grasa con los ingredientes secos, hasta que parezca pan rallado fino. Añade el huevo, la ralladura de los limones y una cucharada de zumo y mezcla bien.
- Incorpora la leche poco a poco, removiendo con una cuchara de madera hasta que se incorpore bien. Hay que tener cuidado de no mezclar demasiado para que los *cupcakes* no se oscurezcan.
- Vierte la mezcla en 12 recipientes de *cupcakes* y hornea durante 25 minutos. Saca del horno, comprueba si están bien cocidos pinchando el *cupcake* con una broqueta y deja enfriar sobre una rejilla.

Para el glaseado

- Elabora el glaseado mezclando una cucharada de zumo de limón con el azúcar. Sigue añadiéndole al gusto.
- Pon el glaseado en los *cupcakes* y decora con ralladura de limón.
- Si quieres que tenga un color amarillo más intenso, como en la fotografía, puedes añadir a la preparación una pizca de cúrcuma disuelta con agua, como si fuera colorante natural.

**Ingredientes
para los *cupcakes*:**

- ✓ 150 g de harina
- ✓ 1 c. c. de levadura
- ✓ 170 g de azúcar glas
- ✓ 70 g de mantequilla sin sal (templada)
- ✓ 1 huevo
- ✓ la ralladura de 3 limones
- ✓ 1 c. s. de zumo de limón
- ✓ 150 ml de leche entera

Para el glaseado:

- ✓ 1 c. s. de zumo de limón
- ✓ azúcar glas al gusto

Cupcakes mini para fiestas

Ingredientes para los *cupcakes*:

- ✓ 180 g de mantequilla a punto de pomada
- ✓ 110 g de azúcar
- ✓ 1 huevo
- ✓ 135 g de harina
- ✓ 1 c. c. de levadura en polvo
- ✓ 80 ml de leche
- ✓ ½ c. c. de extracto de vainilla

Para la cobertura:

- ✓ 80 g de mantequilla a punto de pomada
- ✓ 125 g de azúcar glas
- ✓ mini grageas de chocolate

- Precalienta el horno a 160 °C.
- Con ayuda de unas varillas, bate la mantequilla con el azúcar hasta obtener una mezcla cremosa. Añade el huevo y sigue batiendo.
- Incorpora la harina tamizada con la levadura, la leche y el extracto de vainilla. Sigue batiendo durante 2 minutos, hasta que obtengas la textura de una crema ligera.
- Dispón 24 minicápsulas de magdalena en una bandeja refractaria y rellénalas con la preparación anterior. Hornea durante 15 minutos a 160 °C, hasta que hayan subido y estén firmes al tacto.
- Retira del horno, déjalos entibiar unos minutos y deja reposar sobre una rejilla, hasta que se enfríen completamente.

Para la cobertura

- Con la ayuda de unas varillas eléctricas, bate la mantequilla.
- Añade el azúcar y sigue batiendo durante un minuto, hasta que esté bien incorporado.
- Cubre los *cupcakes* con esta preparación y decóralos con mini grageas de colores.

Cupcakes de melocotón y frambuesas

- Precalienta el horno a 160 °C.
- Con la ayuda de unas varillas, bate la mantequilla con el azúcar hasta que obtengas una mezcla cremosa. Añade el huevo y sigue batiendo.
- Incorpora la leche y la harina tamizada con la levadura. Sigue batiendo durante 2 minutos, hasta que consigas la textura de una crema ligera.
- Agrega las frambuesas ligeramente aplastadas con un tenedor y los melocotones escurridos y cortados en dados muy pequeños y mezcla.
- Dispón 24 minicápsulas de papel rizado en una bandeja refractaria y rellénalas con la preparación anterior. Hornea 15 minutos, a 160 °C, hasta que hayan subido y estén firmes al tacto.
- Retíralos del horno, déjalos entibiar unos minutos y deja que reposen sobre una rejilla, hasta que se enfríen del todo.

Para la cobertura

- Con la ayuda de unas varillas eléctricas, bate la mantequilla con la mitad del azúcar glas hasta obtener una crema. Añade el colorante y el resto del azúcar gradualmente y sigue batiendo durante un minuto. Agrega el melocotón cortado en dados muy pequeños y mezcla.
- Pon esta crema en una manga pastelera con boquilla lisa y cubre los *cupcakes*. Decóralos con frambuesas enteras y sírvelos enseguida.

Ingredientes para los *cupcakes*:

- ✓ 80 g de mantequilla a punto de pomada
- ✓ 110 g de azúcar
- ✓ 1 huevo
- ✓ 80 ml de leche
- ✓ 135 g de harina
- ✓ 1 c. c. de levadura en polvo
- ✓ 30 g de frambuesas
- ✓ 40 g de melocotón en almíbar

Para la cobertura:

- ✓ 80 g de mantequilla a punto de pomada
- ✓ 125 g de azúcar glas
- ✓ unas gotas de colorante alimentario amarillo o rosa
- ✓ 40 g de melocotón en almíbar
- ✓ frambuesas para decorar

Cupcakes de vainilla con corazoncitos

Ingredientes
para los *cupcakes*:

✓ 80 g de mantequilla
a punto de pomada
✓ 110 g de azúcar
✓ 1 huevo
✓ 135 g de harina
✓ 1 c. c. de levadura
en polvo
✓ 80 ml de leche
✓ ½ c. c. de extracto
de vainilla

Para la cobertura:

✓ 80 g de mantequilla
a punto de pomada
✓ 125 g de azúcar glas
✓ 1 c. c. de extracto
de vainilla

- Precalienta el horno a 160 °C.
- Con la ayuda de unas varillas, bate la mantequilla con el azúcar hasta que obtengas una mezcla cremosa. Añade el huevo y sigue batiendo.
- Agrega la harina tamizada con la levadura, la leche y el extracto de vainilla. Sigue batiendo durante 2 minutos, hasta que consigas la textura de una crema ligera.
- Dispón 24 minicápsulas de papel rizado en una bandeja refractaria y rellénalas con la preparación anterior.
- Hornea 15 minutos a 160 °C, hasta que hayan subido y estén firmes al tacto.
- Retíralos del horno, déjalos entibiar unos minutos y deja que reposen sobre una rejilla hasta que se enfríen del todo.

Para la cobertura

- Bate la mantequilla con la ayuda de unas varillas eléctricas. Añade gradualmente el azúcar glas y el extracto de vainilla y sigue batiendo durante un minuto, hasta que todo esté bien incorporado.
- Pon esta crema en una manga pastelera con boquilla rizada y cubre los *cupcakes*.

Cupcakes de pomelo rosa

- Precalienta el horno a 160 °C.
- Bate los huevos con el azúcar y la mantequilla, troceada y ablandada, hasta conseguir una mezcla ligera y espumosa.
- Añade el yogur, el zumo y la ralladura de pomelo, la harina tamizada con la levadura y el extracto de vainilla, y sigue batiendo con la ayuda de unas varillas eléctricas durante 2 minutos, hasta que obtengas la textura de una crema ligera.
- Dispón 12 cápsulas de papel rizado en una bandeja refractaria y rellénalas con la preparación anterior. Hornéalas durante 18-20 minutos a 160 °C, hasta que hayan subido y estén firmes al tacto.
- Retíralos del horno, deja que se entibien unos minutos y que reposen sobre una rejilla hasta que se enfríen completamente.

Para la cobertura

- Mezcla la mantequilla, troceada y ablandada, y la mitad del azúcar glas, sin dejar de remover, primero con una cuchara de madera y luego con unas varillas.
- Añade el resto del azúcar gradualmente, el zumo de pomelo y el colorante, y sigue batiendo hasta que obtengas una crema.
- Cubre los *cupcakes* con la crema anterior con la ayuda de una espátula y sirve.

Ingredientes
para los *cupcakes*:

- ✓ 2 huevos
- ✓ 225 g de azúcar
- ✓ 125 g de mantequilla
- ✓ 125 ml de yogur natural
- ✓ 2 c. s. de zumo de pomelo rosa
- ✓ ralladura de 1 pomelo rosa
- ✓ 270 g de harina
- ✓ 2 c. c. de levadura en polvo
- ✓ 1 c. c. de extracto de vainilla

Para la cobertura:

- ✓ 125 g de mantequilla
- ✓ 185 g de azúcar glas
- ✓ 2 c. s. de zumo de pomelo rosa
- ✓ unas gotas de colorante alimentario rosa

Cupcakes de café a la mexicana

Ingredientes para los *cupcakes*:

✓ 125 g de mantequilla
✓ 225 g de azúcar
✓ ½ c. s. de extracto de vainilla
✓ 2 huevos
✓ 270 g de harina
✓ 2 c. c. de levadura en polvo
✓ 2 c. s. de cacao en polvo
✓ 60 ml de leche
✓ 2 c. s. de café soluble
✓ 60 ml de Kahlua o licor de café

Para la cobertura:

✓ 200 ml de nata para montar
✓ 1 c. s. de café soluble
✓ 2 c. s. de Kahlua o licor de café
✓ 250 g de chocolate fondant

- Precalienta el horno a 180 °C.
- Bate la mantequilla con el azúcar y el extracto de vainilla con la ayuda de unas varillas eléctricas. Añade los huevos y sigue batiendo hasta que obtengas una preparación esponjosa.
- Agrega la harina tamizada con la levadura, el cacao en polvo, la leche, el café soluble y el licor de café, y sigue batiendo hasta que todos los ingredientes se incorporen bien.
- Dispón 12 cápsulas de papel rizado en una bandeja refractaria y rellénalas con la preparación anterior. Hornea 20 minutos a 180 °C, hasta que hayan subido y estén firmes al tacto.
- Retíralos del horno, deja que se entibien unos minutos y que reposen sobre una rejilla hasta que se enfríen completamente.

Para la cobertura

- Calienta la nata con el café soluble, el licor de café y el chocolate troceado. Cuece a fuego lento, sin dejar de remover, hasta que el chocolate se haya derretido.
- Deja que se enfríe, ponla en una manga pastelera con una boquilla ancha rizada y cubre los *cupcakes*.

Cupcakes de café y avellanas

- Precalienta el horno a 180 °C.
- Calienta la leche en un cazo con la mantequilla y el café, hasta que la mantequilla se derrita. Retira del fuego y deja que se enfríe.
- Bate los huevos con el azúcar con la ayuda de unas varillas eléctricas hasta que obtengas una mezcla ligera y espumosa. Añade la harina tamizada con la levadura y la leche aromatizada que has preparado antes y sigue batiendo hasta que obtengas una preparación homogénea. Agrega las avellanas picadas y mezcla.
- Dispón 12 cápsulas de papel rizado en una bandeja refractaria y rellénalas con la preparación anterior. Hornea 20 minutos a 180 °C, hasta que hayan subido y estén firmes al tacto.
- Retíralos del horno, deja que se entibien unos minutos y que reposen sobre una rejilla hasta que se enfríen completamente.

Para la cobertura

- Mezcla todos los ingredientes, excepto los de la decoración, y bátelos con la ayuda de unas varillas eléctricas durante un minuto a velocidad lenta. Aumenta la velocidad y sigue batiendo hasta que obtengas una preparación homogénea y esponjosa.
- Pon la crema en una manga pastelera con una boquilla rizada ancha y cubre los *cupcakes* formando rosetones. Espolvoréalos con avellanas picadas, cacao en polvo y fideos de azúcar justo antes de servir.

Ingredientes
para los *cupcakes*:

- ✓ 125 ml de leche
- ✓ 125 g de mantequilla
- ✓ ½ c. s. de café soluble
- ✓ 2 huevos
- ✓ 225 g de azúcar
- ✓ 270 g de harina
- ✓ 2 c. c. de levadura en polvo
- ✓ 70 g de avellanas picadas

Para la cobertura:

- ✓ 125 g de mantequilla
- ✓ 185 g de azúcar glas
- ✓ 2 c. s. de café soluble
- ✓ 4 gotas de extracto de vainilla
- ✓ avellanas picadas para decorar
- ✓ cacao en polvo y fideos de azúcar para espolvorear

Cupcakes de arándanos con nata

- Precalienta el horno a 175 °C.
- Pon las cápsulas de papel en un molde para magdalenas. Bate la mantequilla con el azúcar y 1 sobre de azúcar avainillado hasta que obtengas una textura cremosa. Incorpora los huevos de uno en uno. Mezcla la harina con la levadura y agrégala, poco a poco y alternándola, con la leche.
- Lava los arándanos, desecha los que veas feos y luego sécalos con papel de cocina. Incorpora 125 g a la pasta.
- Repártela en las cápsulas y hornea los *cupcakes*, a media altura, unos 25 minutos. Cuando estén listos, deja que se enfríen en una rejilla.

Para la cobertura

- Mientras tanto, monta la nata con el resto del azúcar avainillado y el espesante, hasta que esté bien dura. Con una cuchara, repártela sobre los *cupcakes* ya fríos, y adórnalos con el resto de los arándanos o con cualquier otro producto de confitería para cobertura.
- Sirve enseguida.

Cupcakes de tiramisú al café

- Precalienta el horno a 175 °C.
- Forra un molde múltiple para magdalenas con cápsulas de papel. Separa las claras y las yemas de los huevos. Monta las claras a punto de nieve con la sal. Añade el azúcar poco a poco y sigue batiendo hasta que estén bien brillantes. Incorpora las yemas y remueve.
- Mezcla la harina con la maicena, el preparado para natillas y la levadura, y tamízalo sobre la crema anterior, incorporándola con cuidado. Reparte la pasta entre los moldes.
- Hornea los *cupcakes* unos 20 minutos a media altura. Deja que reposen un poco, sácalos de los moldes y deja que se enfríen por completo.

Para la cobertura

- Mientras tanto, prepara una taza de café fuerte. Bate el mascarpone con el azúcar glas hasta obtener una crema ligera. Añade 1 cucharada del café. Monta la nata e incorpórala a la crema de mascarpone.
- Cuando estén fríos, pincha varias veces los *cupcakes* con un tenedor y rocíalos con cucharaditas de café para empaparlos. A continuación, distribuye la crema sobre los *cupcakes* con un cuchillo de punta redonda.
- Refrigéralos y, justo antes de servirlos, espolvoréalos con cacao.

Ingredientes para los *cupcakes*:

✓ 3 huevos
✓ una pizca de sal
✓ 100 g de azúcar
✓ 50 g de harina
✓ 50 g de maicena
✓ 1 c. s. de preparado para natillas de vainilla
✓ ½ c. c. de levadura en polvo

Para la cobertura:

✓ 1 taza de café fuerte
✓ 250 g de queso mascarpone
✓ 50 g de azúcar glas tamizado
✓ 100 ml de nata líquida
✓ cacao en polvo, para espolvorear

Cupcakes al vino con crema de lima

**Ingredientes
para los *cupcakes*:**

✓ 125 g de mantequilla
✓ 150 g de azúcar
✓ una pizca de sal
✓ 2 huevos
✓ 1 yema de huevo
✓ 200 g de harina
✓ 1 c. c. de levadura
en polvo
✓ ½ c. c. de bicarbonato
✓ 40 ml de leche
✓ 120 ml de vino
afrutado (puede ser
un prosecco)
✓ 6 c. s. de jalea de
membrillo

Para la cobertura:

✓ 2 limas ecológicas
✓ 150 g de mascarpone
✓ 250 g de queso fresco
✓ 200 g de azúcar glas
✓ perlas de azúcar
plateadas, para decorar

- Precalienta el horno a 180 ºC.
- Coloca las cápsulas de papel en un molde múltiple para magdalenas.
- Bate la mantequilla con el azúcar y la sal hasta que obtengas una textura cremosa.
- Agrega los huevos y la yema de uno en uno.
- Mezcla la harina con la levadura y el bicarbonato e incorpora a la preparación anterior, alternándola con la leche.
- Por último, añade el vino y trabaja bien la pasta hasta que esté homogénea.
- Reparte la pasta en los moldes y hornea los *cupcakes* unos 25 minutos a media altura.
- Cuando estén listos, sácalos del horno y úntalos con la jalea de membrillo.
- Deja que se enfríen en una rejilla.

Para la cobertura

- Para preparar la cobertura, lava las limas con agua caliente, sécalas bien y rállalas.
- Exprime una lima y reserva 2 cucharadas del zumo. Mezcla bien la ralladura y el zumo de lima con el resto de los ingredientes.
- Pon la crema en una manga pastelera con una boquilla lisa y repártela sobre los *cupcakes*. Decora con perlas de azúcar.

Cupcakes de plátano con nueces

- Precalienta el horno a 175 °C.
- Coloca las cápsulas de papel en un molde múltiple para magdalenas. Bate la mantequilla con el azúcar y el azúcar avainillado hasta que obtengas una crema. Sin dejar de batir, incorpora los huevos de uno en uno. Mezcla la harina con la levadura, el bicarbonato, la sal y la canela.
- Chafa los plátanos con un tenedor y mézclalos con el suero de leche. A continuación, agrega a la mantequilla, poco a poco y alternándolas, las preparaciones de harina y de plátano. Por último, añade las nueces.
- Reparte la pasta entre las cápsulas y hornea los *cupcakes* unos 25 minutos, a media altura. Cuando estén listos, deja que se enfríen en una rejilla.

Para la cobertura

- Mientras, para preparar la cobertura, bate la mantequilla con el queso hasta obtener una textura cremosa. Incorpora el azúcar glas y la esencia de vainilla.
- Con un cuchillo de punta redonda, extiende la cobertura sobre los *cupcakes*. Decóralos con media nuez y sírvelos enseguida.

Ingredientes para los *cupcakes*:

- ✓ 100 g de mantequilla a punto de pomada
- ✓ 150 g de azúcar moreno
- ✓ 1 sobre (8 g) de azúcar avainillado
- ✓ 2 huevos
- ✓ 150 g de harina
- ✓ 1 c. c. de levadura en polvo
- ✓ ½ c. c. de bicarbonato
- ✓ una pizca de sal
- ✓ ½ c. c. de canela
- ✓ 2 plátanos maduros
- ✓ 75 ml de suero de leche
- ✓ 50 g de nueces troceadas

Para la cobertura:

- ✓ 70 g de mantequilla a punto de pomada
- ✓ 50 g de queso fresco extragraso
- ✓ 100 g de azúcar glas
- ✓ 1 c.c. de esencia de vainilla (en polvo)
- ✓ 12 medias nueces, para decorar

Cupcakes blancos para bodas

Ingredientes para los *cupcakes*:

✓ 110 g de mantequilla a punto de pomada
✓ 180 g de azúcar
✓ 2 huevos grandes
✓ 125 g de harina con levadura, tamizada
✓ 120 g de harina común, tamizada
✓ 125 ml de leche semidesnatada, a temperatura ambiente
✓ ½ c. c. de licor amaretto o de extracto de almendras

Para el almíbar:

✓ 125 g de azúcar
✓ 125 ml de agua
✓ ½ c. c. de licor amaretto o de extracto de almendras

Para decorar:

✓ 1 tanda de glaseado de crema de mantequilla al amaretto (*véase* pág. 168)
✓ almendras tostadas fileteadas, flores comestibles u otras decoraciones

- Precalienta el horno a 160 °C y forra una placa de magdalenas de 12 cavidades con cápsulas de papel del tamaño adecuado.
- Bate en un cuenco grande la mantequilla y el azúcar hasta que la mezcla blanquee y esté esponjosa; necesitarás de 3 a 5 minutos con una batidora eléctrica manual. Agrega los huevos de uno en uno, removiendo unos minutos tras cada adición.
- Mezcla ambas harinas en otro cuenco.
- Pon un tercio de la leche en una jarra y añade el amaretto o el extracto de almendras.
- Agrega un tercio de las harinas a la preparación cremosa y bate bien. Vierte un tercio de la leche y bate de nuevo. Repite estos pasos hasta que hayas añadido toda la leche y la harina.
- Vierte la mezcla en los moldes, llenándolos dos tercios de su altura. Hornea unos 25 minutos, hasta que hayan subido ligeramente y estén dorados. Para comprobar si están cocidos, pincha una broqueta en el centro de un *cupcake*; debe salir limpia.
- Mezcla los ingredientes del almíbar en un cuenco apto para el microondas y calienta hasta que el azúcar se deslía por completo (unos 90 segundos aproximadamente); remueve. También puedes emplear un cazo a fuego lento.
- Retira los *cupcakes* del horno y deja que se enfríen unos 10 minutos en sus moldes antes de desmoldarlos sobre una rejilla metálica. Cuando estén todavía calientes, sumerge la parte superior en el almíbar caliente un par de segundos. Ponlos en la rejilla para que se enfríen por completo.
- Glaséalos con la crema de mantequilla al amaretto y cubre con almendras tostadas fileteadas o, para una boda, con flores frescas elegidas por los novios.

Cupcakes de chocolate blanco

- Precalienta el horno a 160 °C.
- Con la ayuda de unas varillas, bate la mantequilla con el azúcar hasta que obtengas una mezcla cremosa. Añade el huevo y sigue batiendo.
- Agrega la harina tamizada con la levadura, la leche y la vainilla. Sigue batiendo durante 2 minutos, hasta que adquiera la textura de una crema ligera. Incorpora el chocolate blanco picado y mezcla.
- Dispón 24 minicapsulitas de papel rizado en una bandeja refractaria y rellénalas con la preparación anterior.
- Hornéalas durante 15 minutos a 160 °C, hasta que hayan subido y estén firmes al tacto.
- Retíralos del horno, deja que se entibien unos minutos y deja que reposen sobre una rejilla hasta que se enfríen completamente.

Para la cobertura

- Derrite el chocolate blanco con la nata en un cazo al baño María.
- Deja que se enfríe para que espese y cubre los *minicupcakes*.
- Espolvoréalos con chocolate blanco rallado y un poco de pasta verde para *cupcakes* y sirve.

**Ingredientes
para los *cupcakes*:**

✓ 80 g de mantequilla
   a punto de pomada
✓ 110 g de azúcar
✓ 1 huevo
✓ 135 g de harina
✓ 1 c. c. de levadura
   en polvo
✓ 80 ml de leche
✓ ½ c. c. de extracto
   de vainilla
✓ 75 g de chocolate
   blanco picado

Para la cobertura:

✓ 150 g de chocolate
   blanco
✓ 60 ml de nata líquida
✓ chocolate blanco
   rallado para decorar
✓ pasta verde para
   cupcakes

Cupcakes de bayas con cobertura de moras

Ingredientes para los *cupcakes*:

✓ 175 g de bayas silvestres (pueden ser congeladas)
✓ 100 g de chocolate blanco
✓ 125 g de mantequilla
✓ 125 g de azúcar
✓ una pizca de sal
✓ 2 huevos
✓ 60 ml de leche
✓ 175 g de harina
✓ 2 c. c. de levadura en polvo

Para la cobertura:

✓ 2 claras de huevo
✓ una pizca de sal
✓ 100 g de azúcar
✓ ½ c. c. de levadura en polvo
✓ 100 g de moras

- Precalienta el horno a 175 °C.
- Pon las cápsulas de papel en un molde múltiple para magdalenas. Descongela las bayas silvestres en un escurridor. Ralla el chocolate.
- Derrite la mantequilla en un cuenco al baño María. Retírala del calor y bátela con el azúcar y la sal hasta que obtengas una textura cremosa.
- Incorpora los huevos de uno en uno. Agrega la leche y remueve bien.
- Tamiza por encima la harina mezclada con la levadura y sigue removiendo. Por último, añade las bayas y el chocolate rallado.
- Reparte la pasta en los moldes y hornea los *cupcakes* durante unos 25 minutos, a media altura. Cuando estén listos, sácalos del horno y deja que se enfríen en una rejilla.

Para la cobertura

- Poco antes de servirlos, bate un poco las claras con la sal. Incorpora el azúcar poco a poco, junto con la levadura, pon el cuenco al baño María y sigue batiendo hasta que obtengas una mezcla firme.
- Retira del fuego y sigue batiendo hasta que se enfríe. Lava las moras, sécalas con papel de cocina, reserva 12 e incorpora el resto a la cobertura.
- Repártela sobre los *cupcakes* y corónalos con una mora. Sírvelos enseguida.

Cupcakes con fondant *decó*

- Precalienta el horno a 180 °C y engrasa los moldes con un poco de mantequilla a punto de pomada.
- Bate los huevos con el aceite y la leche; cuando espumen, agrega el azúcar.
- En un recipiente aparte, tamiza la harina con la levadura y luego añade la ralladura de 2 limas.
- Mezcla poco a poco la harina con los huevos y rellena con esta masa las tres cuartas partes de las cápsulas.
- Hornea los *cupcakes* durante 25 minutos, o hasta que estén dorados, comprobando antes con un palillo que estén cocidos.

Para decorar:

- Espolvorea la superficie de trabajo con azúcar glas y extiende el fondant azul con un rodillo. Con un cortapastas redondo (o usando como guía un plato pequeño, una tapa o cualquier otra cosa), corta y coloca sobre cada *cupcake*, uniendo los bordes.
- Con el fondant blanco, haz las tiras y el aro superior, y con el de colores, las flores.

Ingredientes
para los *cupcakes*:

✓ mantequilla
  para engrasar
✓ 3 huevos
✓ 100 ml de aceite
✓ 50 ml de leche
✓ 125 g de azúcar
✓ 200 g de harina
✓ 2 ½ c. c. de levadura
✓ 2 limas

Para decorar:

✓ 50 g de azúcar glas
✓ 200 g de fondant azul
✓ 100 g de fondant
  blanco
✓ 50 g de fondant
  de colores

12

90 min

Fácil

Cupcakes de quark con cobertura de naranja

**Ingredientes
para los *cupcakes*:**

✓ 100 g de mantequilla
a punto de pomada
✓ 120 g de azúcar
✓ 1 sobre (8 g) de azúcar
avainillado
✓ 2 huevos
✓ 175 g de harina
✓ 1 c. c. de levadura
en polvo
✓ 100 g de quark
desnatado
✓ la ralladura y el zumo
de ½ naranja ecológica
✓ 75 g de mermelada
de naranja

Para la cobertura:

✓ 200 g de queso fresco
extragraso
✓ 200 g de azúcar glas
tamizado
✓ la ralladura y el zumo
de ½ naranja ecológica
✓ corteza de naranja
en tiras, para decorar

- Precalienta el horno a 170 °C. Pon las cápsulas de papel en un molde múltiple para magdalenas.
- Bate la mantequilla, el azúcar y el azúcar avainillado hasta que obtengas una crema. Incorpora los huevos, de uno en uno, sin dejar de batir.
- Mezcla la harina con la levadura y añádela a la crema, poco a poco, y alternándola con el quark.
- Finalmente, agrega la ralladura y el zumo de naranja.
- Reparte la pasta entre los moldes y hornea los *cupcakes* unos 20 minutos a media altura. Cuando estén listos, deja que se enfríen en una rejilla.
- Desmolda los *cupcakes* con cuidado, córtalos por la mitad en horizontal y unta la mitad inferior con la mermelada. Luego, coloca las otras mitades encima.

Para la cobertura

- A continuación, mezcla bien todos los ingredientes de la cobertura. Dependiendo de la cantidad de zumo de naranja que emplees, ve agregando azúcar glas hasta que obtengas una consistencia espesa.
- Reparte la crema sobre los *cupcakes* con un cuchillo de punta redonda.
- Adórnalos con la corteza de naranja.

Cupcakes de cacao con crema de chocolate y avellanas

- Precalienta el horno a 170 °C. Pon las cápsulas de papel en un molde múltiple para magdalenas.
- Bate la mantequilla con el azúcar hasta que obtengas una crema y, sin dejar de batir, añade los huevos de uno en uno.
- Mezcla la harina con el cacao y la levadura, e incorpórala a la crema de mantequilla y huevo. Por último, añade la crema de chocolate y avellanas.
- Reparte la pasta entre los moldes y hornea los *cupcakes* unos 20 minutos a media altura. Cuando estén listos, deja que se enfríen en una rejilla.

Para la cobertura:

- Mientras tanto, para elaborar la cobertura, bate la mantequilla con el azúcar glas hasta obtener una crema,* y luego incorpora la crema de chocolate y avellanas.
- Pon la cobertura en una manga pastelera con una boquilla grande y repártela entre los *cupcakes*. También puedes extenderla con un cuchillo de punta redonda. Espolvoréalos con crocante de avellana.

**Ingredientes
para los *cupcakes*:**
- ✓ 100 g de mantequilla a punto de pomada
- ✓ 120 g de azúcar
- ✓ 2 huevos
- ✓ 120 g de harina
- ✓ 1 c. s. de cacao en polvo
- ✓ ½ c. c. de levadura en polvo
- ✓ 100 g de crema de chocolate y avellanas

Para la cobertura:
- ✓ 60 g de mantequilla a punto de pomada
- ✓ 200 g de azúcar glas
- ✓ 60 g de crema de chocolate y avellanas
- ✓ crocante de avellana, para decorar

---

* Si la cobertura no fuera lo bastante consistente, añade más azúcar glas.

Cupcakes de plátano y vainilla

Ingredientes para los *cupcakes*:

✓ 170 g de harina
✓ ½ c. p. de levadura
✓ una pizca de sal
✓ 115 g de mantequilla sin sal
✓ 120 g de azúcar
✓ 2 huevos grandes
✓ 125 ml de leche
✓ 2 plátanos blandos

Para la crema de mantequilla (*buttercream*)

✓ 170 g de mantequilla sin sal
✓ 1 c. p. de vainilla en pasta
✓ 220 g de azúcar glas
✓ rodajas de plátano
✓ miel, al gusto

- Precalienta el horno a 175 °C.
- Mezcla la levadura y la sal con la harina.
- Bate la mantequilla junto con el azúcar durante 5 minutos, hasta que obtengas una mezcla blanquecina.
- Añade los huevos y bate tras cada adición.
- Agrega la harina y la leche en tres partes, intercalando ambos ingredientes.
- Por último, incorpora los plátanos, previamente machacados.
- Reparte la masa entre las cápsulas de papel y hornea 25 minutos a 175 ºC.

Para la crema de mantequilla (*buttercream*)

- Para preparar la *buttercream*, bate la mantequilla junto con la vainilla y el azúcar glas, previamente tamizados, durante 5 minutos.
- Cuando los *cupcakes* se hayan enfriado, cúbrelos con la crema, unas rodajitas de plátano y vierte un chorrito de miel por encima.

Cupcakes de chocolate y almendras

- Precalienta el horno a 180 °C (160 °C si es de convección).
- Forra con 12 cápsulas de papel una bandeja para *cupcakes*.
- Tamiza la harina en un robot de cocina, añade la mantequilla y mezcla hasta que obtengas una textura suave.
- Añade a la preparación los huevos, el azúcar, la leche, el extracto de vainilla y el cacao en polvo e incorpora bien.
- Llena las cápsulas de papel con la mezcla y hornea de 15 a 20 minutos, hasta que estén cocidos y la masa haya subido bien. Deja que se enfríen sobre una rejilla.

Para la *ganache*

- Para elaborar la *ganache*, calienta la leche hasta que hierva y añade el chocolate, la nata, la mantequilla y la glucosa. Baja el fuego al mínimo y remueve hasta que el chocolate se haya derretido y esté bien mezclado. Agrega el almíbar.
- Deja que el glaseado se enfríe hasta que adquiera una consistencia que permita aplicarlo.
- Utiliza la espátula para cubrir cada *cupcake* ya frío con la *ganache*.
- Decora con las almendras laminadas.

**Ingredientes
para los *cupcakes*:**

- ✓ 100 g de harina con levadura incorporada
- ✓ 40 g de mantequilla a punto de pomada
- ✓ 1 huevo grande o 2 pequeños
- ✓ 150 g de azúcar integral, molido
- ✓ 120 ml de leche entera
- ✓ ½ c. c. de extracto de vainilla
- ✓ 30 g de cacao en polvo

Para la *ganache*:

- ✓ 70 ml de leche entera
- ✓ 225 g de chocolate negro troceado
- ✓ 30 ml de nata para montar
- ✓ 55 g de mantequilla
- ✓ 15 g de glucosa en polvo
- ✓ 4 c. s. de almíbar
- ✓ 100 g de almendras laminadas

Cupcakes con flores

Ingredientes para los *cupcakes*:

✓ 175 g de mantequilla sin sal a punto de pomada
✓ 175 g de harina con levadura incorporada
✓ 3 huevos medianos, ligeramente batidos
✓ 175 g de azúcar moreno, molido
✓ 1 c. c. de extracto de vainilla

Para la cobertura:

✓ 500 g de azúcar glas, tamizado
✓ 6 c. s. de zumo de limón
✓ ½ c. c. de agua de azahar
✓ ½ c. c. de agua de lavanda
✓ ½ c. c. de agua de rosas
✓ flores de azúcar

- Precalienta el homo a 180 ºC (160 ºC si el horno es de convección).
- Mezcla todos los ingredientes de los *cupcakes* con una batidora eléctrica.
- Coloca las cápsulas de papel en 2 bandejas de horno. Con una cuchara, reparte la preparación entre los moldes, pero llena sólo hasta la mitad.
- Hornea de 15 a 20 minutos, hasta que la masa haya subido y adquirido un tono dorado. Deja que se enfríen sobre una rejilla.

Para la cobertura

- Pon el azúcar glas en un cuenco y añade poco a poco el zumo de limón hasta que la mezcla adquiera una densidad media, ni muy líquida ni muy espesa.
- Pon las diferentes esencias en cuencos independientes para probar y añade el glaseado al gusto.
- Cubre cada cuenco con film transparente para evitar que el glaseado se reseque. Aplícalo sobre los pastelitos una vez estén fríos para crear una superficie plana y deja que reposen.
- Decora cada *cupcake* con flores de azúcar.

Cupcakes con merengue al limón

- Precalienta el homo a 180 °C (160 °C si es de convección). Mientras, prepara una bandeja de horno para 12 *cupcakes* con cápsulas de papel.
- Elabora una crema con la mantequilla y el azúcar hasta que esté blanquecina y esponjosa.
- Añade el extracto de vainilla y la ralladura de limón y luego bate de nuevo.
- Incorpora los huevos poco a poco. Si la mezcla comienza a cortarse, agrega 1 cucharada de harina.
- Añade la harina que queda y bate de nuevo.
- Vierte la mezcla en los recipientes y hornea de 18 a 20 minutos, hasta que se doren y estén firmes.
- Deja que se enfríen sobre una rejilla. Mientras tanto, prepara la cobertura.

Para la cobertura

- Disuelve el azúcar en agua templada. Una vez disuelto, lleva a ebullición.
- Bate las claras hasta que se formen puntas suaves.
- Añade el almíbar mientras continúas batiendo, pero a mano.
- Continúa batiendo hasta que esté brillante y la mezcla comience a enfriarse.
- Luego pon la preparación en una manga pastelera.
- Con una cuchara, pon un poco de la crema de limón sobre cada *cupcake*. Distribuye por encima el merengue.
- Coloca los *cupcakes* bajo el gratinador caliente para que se doren.
- Decora con ralladura de limón confitada y flores de azúcar, al gusto.

Ingredientes
para los *cupcakes*:

✓ 100 g de mantequilla sin sal a punto de pomada
✓ 100 g de azúcar glas
✓ 1 c. c. de extracto de vainilla
✓ ralladura de limón
✓ 2 huevos de tamaño medio ligeramente batidos
✓ 100 g de harina con levadura incorporada

Para la cobertura:

✓ 100 g de azúcar glas
✓ 50 ml de agua
✓ 2 claras de huevo grandes
✓ 1 tarro de crema de limón
✓ ralladura de limón confitada
✓ flores de azúcar

Cupcakes de violeta

**Ingredientes
para los *cupcakes*:**

✓ 110 g de harina con
levadura incorporada,
tamizada
✓ 110 g de azúcar glas
✓ 110 g de mantequilla
a punto de pomada
✓ 2 huevos grandes
✓ 1 c. s. de jarabe
de violetas

Para la cobertura:

✓ 110 g de mantequilla
a punto de pomada
✓ 225 g de azúcar glas
✓ 2 c. s. de jarabe
de violetas
✓ flores y hojas de papel
de arroz comestibles

- Precalienta el horno a 190 °C (170 °C si es de convección) y forra una bandeja de *cupcakes* de 12 huecos con cápsulas de papel.
- Mezcla la harina, el azúcar, la mantequilla, los huevos y el jarabe de violetas en un cuenco y bate durante 2 minutos, o hasta que la preparación esté ligada.
- Repártela en los moldes de papel; a continuación, hornea de 15 a 20 minutos. Pincha los *cupcakes* con un palillo de madera; si sale limpio, están listos. Colócalos en una rejilla y deja que se enfríen completamente.

Para la cobertura

- Para elaborar la crema de mantequilla, bate la mantequilla con una cuchara de madera hasta que esté ligera y esponjosa, luego incorpora el azúcar glas poco a poco.
- Añade el jarabe de violetas y bate a mano durante 2 minutos, o hasta que la mezcla esté ligada y homogénea.
- Con una cuchara, pon el glaseado en una manga pastelera con una boquilla grande simple y traza una gran espiral de glaseado en cada pastelito. Corona con una flor y una hoja de papel de arroz.

Cupcakes de rosas y vainilla

- Precalienta el horno a 180 °C (160 °C si es de convección).
- Coloca las cápsulas de papel en una bandeja para *cupcakes*.
- Haz una crema con la mantequilla y el azúcar en un robot de cocina hasta que esté clara y esponjosa. Incorpora los huevos uno a uno. Si la mezcla empieza a cortarse, añade un poco de harina.
- Incorpora la harina restante y bate de nuevo.
- Agrega el extracto de vainilla y las dos gotas de colorante alimentario.
- Reparte la preparación en los moldes y hornea de 18 a 20 minutos, hasta que la masa haya subido y adquirido un tono dorado. Deja que se enfríe en una rejilla.

Para la cobertura

- Para elaborar la crema de mantequilla, mezcla el azúcar y la mantequilla hasta que obtengas una preparación ligera y esponjosa.
- Añade las dos gotas de colorante junto con el agua de rosas.
- Utiliza una manga pastelera para decorar los *cupcakes* cuando se hayan enfriado con la crema de mantequilla.
- Para preparar las masas de fondant, estira con un rodillo el glaseado hasta que adquiera un grosor de 2 mm. Con un cuchillo, córtalo en tiras.
- Enrolla una pequeña parte de cada tira para formar pequeños capullos. Con un cuchillo, corta algunos pétalos pequeños de fondant y aplástalos con los dedos. Pégalos alrededor del capullo y deja que se endurezcan.
- Cuando las rosas estén duras, colócalas en los *cupcakes*.

Ingredientes para los *cupcakes*:

- ✓ 175 g de mantequilla sin sal a punto de pomada
- ✓ 175 g de azúcar moreno, molido
- ✓ 3 huevos medianos ligeramente batidos
- ✓ 175 g de harina con levadura incorporada
- ✓ 1 c. c. de extracto de vainilla
- ✓ 2 gotas de colorante alimentario rosa

Para la cobertura:

- ✓ 175 g de azúcar glas, tamizado
- ✓ 75 g de mantequilla a punto de pomada
- ✓ 2 gotas de colorante alimentario rosa
- ✓ ½ c. c. de agua de rosas
- ✓ 1 paquete de fondant rosa, ½ paquete de fondant verde y ½ de color blanco

Cupcakes de chocolate y caramelo

Ingredientes
para los *cupcakes*:

✓ 125 g de harina
✓ 60 g de cacao
puro en polvo
✓ ½ c. c. de levadura
✓ ½ c. c. de bicarbonato
✓ 185 ml de leche
✓ 2 c. c. de vinagre
de vino blanco
o de manzana
✓ 220 g de azúcar
✓ 115 g de mantequilla
sin sal
✓ 2 huevos

Para la crema
de mantequilla
(*buttercream*):

✓ 220 g de azúcar glas
✓ 170 g de mantequilla
sin sal
✓ 2 c. c. de pasta de
caramelo

- Precalienta el horno a 175 ºC y prepara la bandeja de *cupcakes* con sus cápsulas de papel.
- En un recipiente amplio, tamiza la harina, el cacao, la levadura y el bicarbonato. Reserva. Añade a la leche el vinagre y reserva.
- Bate el azúcar junto con la mantequilla durante unos 5 minutos. A continuación, agrega los huevos, de uno en uno, y continúa batiendo.
- Incorpora la mezcla de la leche y bate unos segundos a velocidad baja. Por último, añade la preparación de la harina y el cacao y bate hasta que obtengas una masa homogénea. Repártela entre las cápsulas de papel y hornea unos 25 minutos.

Para la crema de mantequilla (*buttercream*)

- Para preparar la crema de mantequilla, bate el azúcar glas tamizado junto con la mantequilla, añade el caramelo y bate 5 minutos más.
- Cuando los *cupcakes* se hayan enfriado, cúbrelos con la crema.

Cupcakes con coco y guindas

- Precalienta el horno a 160 °C.
- Con la ayuda de unas varillas eléctricas, mezcla la mantequilla, troceada y ablandada, con el azúcar, hasta que obtengas una preparación homogénea. Añade el huevo y sigue batiendo.
- Agrega la harina tamizada con la levadura, la leche y el extracto de vainilla. Sigue batiendo hasta que todos los ingredientes estén completamente integrados. Incorpora las guindas picadas y el coco rallado y mezcla.
- Reparte la preparación en 24 minicápsulas de papel rizado.
- Hornea a 160 °C de 10 a 15 minutos, hasta que hayan subido y estén firmes al tacto.
- Retíralos del horno, deja que se entibien unos minutos y déjalos reposar sobre una rejilla hasta que se enfríen completamente.

Para la cobertura

- Derrite el chocolate troceado con la nata líquida en un recipiente al baño María. Deja que se entibie y cubre los mini *cupcakes* con esta preparación. Espolvoréalos con coco rallado y decóralos con una guinda.

Ingredientes para los *cupcakes*:

- ✓ 80 g de mantequilla a punto de pomada
- ✓ 110 g de azúcar
- ✓ 1 huevo
- ✓ 135 g de harina
- ✓ 1 c. c. de levadura en polvo
- ✓ 85 ml de leche
- ✓ 1 c. c. de extracto de vainilla
- ✓ 50 g de guindas picadas
- ✓ 25 g de coco rallado

Para la cobertura:

- ✓ 150 g de chocolate fondant
- ✓ 65 ml de nata líquida
- ✓ coco rallado para decorar
- ✓ guindas para decorar

Cupcakes con limón, nueces y zanahorias

Ingredientes para los *cupcakes*:

- ✓ 2 huevos
- ✓ 225 g de azúcar
- ✓ 125 g de mantequilla
- ✓ 185 ml de aceite de girasol
- ✓ 125 ml de zumo de limón
- ✓ la ralladura de 1 limón
- ✓ 270 g de harina
- ✓ 2 c. c. de levadura en polvo
- ✓ 1 c. c. de canela
- ✓ ½ c. c. de clavo molido
- ✓ 85 g de zanahoria rallada
- ✓ 70 g de nueces picadas

Para la cobertura:

- ✓ 185 g de azúcar glas
- ✓ la ralladura de 1 limón
- ✓ 1 c. c. de zumo de limón
- ✓ 90 g de mantequilla
- ✓ unas gotas de colorante naranja
- ✓ 70 g de nueces picadas

- Precalienta el horno a 160 °C.
- Bate los huevos con el azúcar y la mantequilla, troceada y ablandada, hasta que obtengas una mezcla ligera y espumosa.
- Añade el aceite, el zumo de limón, la ralladura, la harina y la levadura tamizadas, la canela y el clavo, y sigue batiendo con la ayuda de unas varillas eléctricas durante 2 minutos, hasta que obtengas la textura de una crema ligera. Agrega la zanahoria rallada y las nueces picadas y mezcla.
- Dispón 12 cápsulas de papel rizado en una bandeja refractaria y rellénalas con la preparación anterior. Hornéalas de 18 a 20 minutos a 160 °C hasta que hayan subido y estén firmes al tacto.
- Retíralos del horno, deja que se entibien unos minutos y déjalos reposar sobre una rejilla hasta que se enfríen completamente.

Para la cobertura

- Con la ayuda de unas varillas eléctricas, bate bien todos los ingredientes, excepto las nueces. Cubre los *cupcakes* con esta crema, decóralos con las nueces y sírvelos.

Cupcakes de miel y limón

- Precalienta el horno a 165 °C y prepara una bandeja de *cupcakes* con sus cápsulas de papel.
- Tamiza la harina con la levadura, el bicarbonato y la sal. Reserva. Por otro lado, mezcla en una jarra la leche, el extracto de vainilla y el yogur, y reserva.
- Bate la mantequilla junto con el azúcar moreno y la miel* durante unos 5 minutos. Añade los huevos, de uno en uno, batiendo bien tras cada adición. Por último, incorpora la mezcla de la harina y la de la leche, alternando ambos ingredientes. Reparte la masa entre las cápsulas y hornea durante 25 minutos.

Para la crema de mantequilla (*buttercream*)

- Para preparar la crema de mantequilla, bate durante 5 minutos la mantequilla junto con el azúcar glas tamizado. Añade el zumo y continúa batiendo. Una vez los *cupcakes* se hayan enfriado podrás cubrirlos con la crema.

Ingredientes para los *cupcakes*:

- ✓ 220 g de harina
- ✓ ½ cucharadita de levadura
- ✓ ½ cucharadita de bicarbonato
- ✓ ½ cucharadita de sal
- ✓ 65 ml de leche
- ✓ ½ cucharadita de extracto de vainilla
- ✓ 65 ml de yogur
- ✓ 110 g de mantequilla
- ✓ 120 g de azúcar moreno
- ✓ 175 g de miel
- ✓ 2 huevos

Para la crema de mantequilla (*buttercream*)

- ✓ 57 g de mantequilla sin sal
- ✓ 190 g de azúcar glas
- ✓ 1 cucharada de zumo de limón

---

* La miel que se incorpora a la masa de bizcocho de este *cupcake* aportará una textura suave.

Cupcakes
«Corazón interior»*

Para el caramelo:

✓ 200 g de azúcar
✓ 85 g de mantequilla
✓ 125 ml de nata para postres

Ingredientes para los *cupcakes*:

✓ 125 g de harina
✓ 60 g de cacao puro en polvo
✓ ½ c. p. de bicarbonato
✓ ½ c. p. de levadura
✓ 115 g de mantequilla sin sal
✓ 220 g de azúcar
✓ 2 huevos
✓ 185 ml de leche
✓ 2 c. p. de vinagre blanco o de manzana

Para la crema de mantequilla (*buttercream*):

✓ 170 g de mantequilla sin sal
✓ 1 c. c. de extracto de vainilla
✓ 170 g de azúcar glas
✓ 170 g de chocolate negro
✓ sirope de caramelo

- Precalienta el horno a 175 °C.
- Para elaborar el caramelo, derrite en una cacerola el azúcar. Cuando comience a adquirir un tono ámbar, añade la mantequilla y la nata. Mezcla bien y deja que espese. Reserva.
- Mezcla y tamiza la harina junto con el cacao, el bicarbonato y la levadura. Reserva. Bate la mantequilla y el azúcar y añade los huevos. Mezcla la leche junto con el vinagre y añade a la masa. Incorpora también la preparación de la harina.
- Reparte la masa entre las cápsulas y hornea 25 minutos. Cuando los *cupcakes* se hayan enfriado, haz un agujero en el centro con la ayuda de un descorazonador de fruta y rellena con el caramelo casero.

Para la crema de mantequilla (*buttercream*)

- Para preparar la *buttercream*, bate durante 5 minutos la mantequilla y la vainilla, junto con el azúcar glas, previamente tamizado. Añade el chocolate, previamente derretido y enfriado. Termina de decorar con el sirope de caramelo.

---

* Se trata de un *cupcake* que alberga una sorpresa en su interior: un corazón de delicioso caramelo casero.

Cupcakes de pastel clásico «Selva Negra»

- Precalienta el horno a 175 ºC.
- En un recipiente, tamiza la harina, el cacao, la levadura y el bicarbonato. Reserva.
- Bate a velocidad alta la mantequilla, junto con el azúcar, hasta que obtengas una mezcla blanquecina, y añade los huevos, sin dejar de batir.
- A continuación, incorpora la leche, bate unos segundos y agrega los ingredientes secos que habías reservado. Reparte la masa entre las cápsulas de papel y hornea durante 25 minutos.

Para la cobertura

- Para elaborar la cobertura, monta la nata y añade azúcar al gusto. Una vez los *cupcakes* se hayan enfriado por completo, decóralos con la nata montada y las cerezas.

Ingredientes
para los *cupcakes*:

- ✓ 125 g de harina
- ✓ 60 g de cacao puro en polvo
- ✓ ½ c. p. de levadura
- ✓ ½ c. p. de bicarbonato
- ✓ 115 g de mantequilla sin sal
- ✓ 220 g de azúcar
- ✓ 2 huevos
- ✓ 185 ml de leche

Para la cobertura:

- ✓ 250 ml de nata líquida para postres
- ✓ azúcar al gusto
- ✓ unas cerezas

Cupcakes con espiral de fresas

Ingredientes para los *cupcakes*:

✓ 110 g de harina con levadura incorporada, tamizada
✓ 110 g de azúcar glas
✓ 110 g de mantequilla a punto de pomada
✓ 2 huevos grandes
✓ 110 g de mermelada de fresa

Para la cobertura:

✓ 110 g de mantequilla a punto de pomada
✓ 225 g de azúcar glas
✓ 2 c. s. de leche
✓ 1 c. c. de extracto de vainilla
✓ unas gotas de colorante alimentario rosa
✓ corazones de azúcar

- Precalienta el horno a 190 °C (170 °C si es de convección) y forra una bandeja para *cupcakes* de 12 huecos con cápsulas de papel.
- Mezcla la harina, el azúcar, la mantequilla y los huevos en un cuenco y bate durante 2 minutos, o hasta que obtengas una preparación homogénea.
- Reparte la mitad de la mezcla en los moldes de papel; a continuación, añade una cucharadita de mermelada de fresa en el centro de cada uno de ellos.
- Cubre con el resto de la preparación y hornea de 15 a 20 minutos.
- Pínchalos con un palillo; si sale limpio, los *cupcakes* están listos.
- Pasa los *cupcakes* a una rejilla y deja que se enfríen completamente.

Para la cobertura

- Para la crema de mantequilla, remueve la mantequilla con una cuchara de madera hasta que esté ligera y esponjosa; luego añade el azúcar glas.
- Con la batidora, incorpora la leche, el extracto de vainilla y el colorante alimentario. A continuación, bate unos 2 minutos hasta que obtengas una mezcla homogénea.
- Con la ayuda de una cuchara, pon el glaseado en una manga pastelera con una boquilla grande en forma de estrella y traza una gran espiral con el glaseado sobre cada *cupcake*. Esparce los corazones comestibles sobre los *cupcakes*.

Cupcakes amorosos

- Precalienta el horno a 190 °C (170 °C si es de convección).
- Pon todos los ingredientes, excepto la leche, en un robot de cocina y mezcla hasta que obtengas una masa ligada.
- Añade la leche poco a poco y mezcla de nuevo.
- Con una cuchara, reparte la preparación entre las cápsulas de papel.
- Hornea de 15 a 20 minutos, hasta que suban y se doren bien. Una vez fríos, retíralos cuidadosamente de las cápsulas de papel.

Para la cobertura

- Para la cobertura, prepara una crema con el azúcar glas y la mantequilla hasta que la mezcla esté muy clara y esponjosa. Añade el extracto de vainilla.
- Con una manga pastelera y una boquilla en forma de estrella, traza círculos sobre el pastelito para crear un efecto de nata montada.
- Decora con los corazones de azúcar y el glaseado rojo.

Ingredientes
para los *cupcakes*:

- ✓ 125 g de mantequilla sin sal a punto de pomada
- ✓ 125 g de azúcar moreno, molido
- ✓ 2 huevos medianos
- ✓ 125 g de harina
- ✓ ½ c. c. de bicarbonato sódico
- ✓ 2 c. c. de levadura en polvo
- ✓ 2 c. c. de extracto de vainilla
- ✓ 2-3 c. s. de leche

Para la cobertura

- ✓ 175 g de azúcar glas, tamizado
- ✓ 75 g de mantequilla a punto de pomada
- ✓ ½ c. c. de extracto de vainilla
- ✓ corazones de azúcar para espolvorear (estrellitas doradas y escarcha comestible de tonos rojos y rosas)
- ✓ tubo de glaseado rojo con boquilla plana

«Alegría floral»*

**Ingredientes
para los *cupcakes*:**

✓ 120 g de mantequilla
✓ 160 g de azúcar
✓ 6 huevos
✓ 70 ml de leche
✓ 150 g de harina
✓ 4 c. c. de levadura
✓ 150 g de frambuesas

Para la cobertura:

✓ 250 g de mantequilla
✓ 450 g de azúcar glas
✓ 100 g de fondant
de diversos colores
✓ Rosas, hojas, corazones
y camafeos de azúcar

- Precalienta el horno a 170 °C. Pon las cápsulas de papel en un molde múltiple para magdalenas.
- Bate la mantequilla con el azúcar hasta que obtengas una crema lisa, brillante y blanquecina.
- Añade los huevos, de uno en uno, batiendo enérgicamente, y agrega la leche (se puede sustituir por nata o por algún licor, si se desea otro gusto).
- Incorpora a la preparación la harina tamizada con la levadura.
- Pon las frambuesas en un colador, aplástalas un poco con el dorso de una cuchara para que suelten un poco de jugo y luego agrega su pulpa a la preparación.
- Distribuye la masa en 12 moldes y hornea los *cupcakes* de 20 a 25 minutos. Antes de sacarlos del horno, comprueba que estén bien cocidos en el interior.

Para la cobertura

- Para elaborar la cobertura, mezcla la mantequilla y el azúcar hasta que obtengas una preparación ligera y esponjosa.
- Utiliza una manga pastelera para decorar los *cupcakes* con la crema de mantequilla cuando se hayan enfriado.
- Para preparar las masas de fondant, estira con un rodillo el glaseado hasta que adquiera un grosor de 2 mm y cubre con ella los *cupcakes*.

---

* Esta selección de *cupcakes* se ha hecho por su base de sabor a frambuesa. Para decorar se pueden añadir tantos motivos dulces como podamos imaginar: flores, mariposas, pájaros... son la dulce cobertura que representa toda la riqueza cromática. Para conseguir un grabado en el fondant, se utilizarán plantillas con el motivo que queramos y lo cubriremos de azúcar glas.

Magdalenas
y *muffins*

¿Por qué no preparar magdalenas más a menudo?

La combinación de ingredientes naturales y sencillos es la base para preparar unas deliciosas magdalenas caseras al estilo de la abuela. Con un poco de práctica con la receta casera tradicional, todos podemos dejar volar la imaginación y añadir fruta fresca, copos de cereales, nueces, pasas o miel.

El delicioso aroma de unas magdalenas recién preparadas colándose por los rincones de la casa un domingo por la mañana es uno de los más dulces despertares. Este olor exquisito, que sin duda hará que salgas de la cama, irá cobrando forma a medida que tus pasos se dirijan hacia la cocina. Allí encontrarás a los demás... también en pijama.

Y es que, si no has podido resistirte a su aroma, tu vista también sucumbirá a sus encantos: pequeñas formas doradas, recién horneadas, de esponjosa consistencia y tierno corazón que te cautivarán y, en un abrir y cerrar de ojos, ya estarás deleitándote con uno de estos pequeños y sabrosos «dulces».

Magdalenas, *muffins* y *cupcakes*

Con su característico envoltorio, la magdalena puede formar parte del desayuno o de la merienda, puede convertirse en un postre o simplemente se puede tomar a cualquier hora, desde la receta más típica a la más sofisticada.

Pero este dulce constituye sólo una posibilidad dentro de la extraordinaria gama de horneados que se pueden elaborar a partir de la receta básica, es decir, harina, sal y agua.

Los *muffins* son el equivalente anglosajón de nuestras magdalenas tradicionales. A veces pueden ser de tamaño gigante. Y las magdalenas más pequeñas y muy decoradas son los *cupcakes*, tan de moda en estos momentos.

Magdalenas con cobertura de chocolate

- Precalienta el horno a 180°C.
- Forra con cápsulas de papel 2 moldes múltiples de magdalenas.
- Pon en un cuenco la margarina, el azúcar, los huevos, la harina, el bicarbonato y el cacao, y, con la batidora, bate hasta que obtengas una mezcla homogénea.
- Añade la nata con una cuchara y reparte la masa entre los moldes.
- Hornea las magdalenas 20 minutos, o hasta que la masa haya subido y esté firme. Deja que se enfríen sobre una rejilla metálica.

Para la cobertura

- Pon el chocolate en un cuenco refractario. Colócalo sobre una cacerola con agua hirviendo a fuego lento y derrite el chocolate al baño María. Retira el cuenco de la cacerola y deja que se entibie.
- A continuación, agrega el azúcar y la nata, y mezcla bien. Reparte la cobertura sobre las magdalenas y refrigéralas antes de servir. Si lo deseas, decóralas con virutas de chocolate. Las puedes preparar rallando el chocolate con un pelador de patatas.

Ingredientes
para las magdalenas:

✓ 3 ½ c. s. de margarina a punto de pomada
✓ 15 g de azúcar moreno
✓ 2 huevos grandes
✓ 115 g de harina
✓ ½ c. c. de bicarbonato sódico
✓ 25 g de cacao en polvo
✓ 125 ml de nata agria

Para la cobertura:

✓ 125 g de chocolate negro
✓ 2 c. s. de azúcar glas
✓ 150 ml de nata agria
✓ virutas de chocolate (opcional)

Magdalenas tropicales

Ingredientes para las magdalenas:

✓ 1 c. s. de aceite de girasol o de cacahuete, para engrasar (opcional)
✓ 250 g de harina
✓ 1 c. c. de levadura en polvo
✓ 1 c. c. de bicarbonato sódico
✓ ½ c. c. de pimienta
✓ 115 g de mantequilla
✓ 225 g de azúcar moreno
✓ 2 huevos grandes batidos
✓ 2 c. s. de yogur griego natural o de sabor a plátano o piña
✓ 1 c. s. de ron
✓ 1 plátano maduro cortado en rodajas
✓ 75 g de rodajas de piña en lata escurridas y troceadas
✓ 50 g de coco rallado

Para la cobertura:

✓ 4 c. s. de azúcar sin refinar
✓ 1 c. c. de pimienta de Jamaica
✓ 25 g de coco rallado

- Precalienta el horno a 200 °C.
- Engrasa con aceite de girasol un molde múltiple para 12 magdalenas, o dispón en la bandeja del horno 12 cápsulas de papel dobles.
- Tamiza en un cuenco la harina, la levadura, el bicarbonato y la pimienta.
- Bate en otro cuenco la mantequilla con el azúcar. Agrega los huevos, el yogur y el ron, y remueve. Añade el plátano, la piña y el coco, y mezcla ligeramente.
- Mezcla esta preparación con la de harina, pero sin remover demasiado; quedará mejor si tiene grumos.
- Reparte la pasta entre los moldes, llenándolos sólo dos terceras partes de su capacidad.

Para la cobertura

- Para preparar la cobertura, mezcla el azúcar con la pimienta y espolvorea las magdalenas con esta mezcla.
- Espolvorea con coco y hornea las magdalenas 20 minutos, o hasta que hayan subido y estén doradas. Sácalas del horno y sírvelas calientes, o deja que se enfríen sobre una rejilla metálica.

Magdalenas integrales de naranja y pasas

8
20 min
20 min
Fácil

- Precalienta el horno a 180 ºC.
- Lava las pasas, déjalas en remojo con agua durante 5 minutos y rebózalas con harina integral.
- A continuación, bate los huevos junto con el azúcar integral de caña. Cuando la textura sea homogénea, añade la harina, previamente mezclada con el bicarbonato, y amasa bien la preparación.
- Agrega la ralladura de naranja junto con el aceite de oliva al preparado anterior.
- Pincela los moldes con aceite y rellénalos con la mezcla anterior. Distribuye entonces las pasas sobre la masa y hornea las magdalenas durante 20 minutos.
- Transcurrido este tiempo, desmóldalas, y ya estarán listas para servir.

Ingredientes
para las magdalenas:

✓ 50 g de pasas de Corinto
✓ 125 g de harina integral
✓ 2 huevos
✓ 100 g de azúcar integral de caña
✓ ½ c. s. de bicarbonato
✓ la ralladura de 1 naranja (mejor ecológica)
✓ 125 ml de aceite de oliva

Magdalenas de muesli

**Ingredientes
para las magdalenas:**

✓ 150 g de harina
✓ 75 g de harina integral
✓ 160 g de muesli
tostado
✓ 65 g de pasas sultanas
(sin semillas)
✓ 2 yogures naturales
✓ 2 huevos
✓ 4 c. s. de miel
✓ 100 g de mantequilla
✓ aceite de oliva virgen

- Precalienta el horno a 210 ºC.
- Tamiza las harinas y añade 100 g de muesli y las pasas. Aparte, bate los yogures, los huevos y la miel.
- Vierte la mezcla anterior sobre las harinas y, a continuación, agrega la mantequilla derretida, removiendo bien.
- Pincela los moldes de las magdalenas con aceite y rellena cada uno con tres cuartas partes de la preparación anterior.
- Dispón por encima el resto del muesli.
- Por último, hornea las magdalenas unos 20 minutos.
- Deja que se enfríen 5 minutos antes de desmoldarlas y colócalas sobre una bandeja para que se acaben de enfriar.

Magdalenas con frutos del bosque

- Precalienta el horno a 190 °C.
- Engrasa con aceite en aerosol un molde para 12 magdalenas, o fórralo con cápsulas de papel.
- Tamiza en un cuenco la harina, el bicarbonato, la sal y la mitad de la pimienta inglesa. Añade 6 cucharadas de azúcar y remueve.
- En otro cuenco, monta las claras. Añade la margarina, el yogur y la esencia de vainilla, y remueve bien; incorpora después las frutas del bosque. Mezcla ligeramente esta preparación con la de harina, pero sin remover demasiado; quedará mejor si tiene grumos.
- Reparte la masa entre los moldes, llenándolos sólo dos terceras partes. Mezcla el resto del azúcar con el de la pimienta inglesa y espolvorea las magdalenas con la preparación.
- Hornéalas 25 minutos, o hasta que hayan subido y estén doradas. Sácalas del horno y sírvelas calientes, o deja que se enfríen sobre una rejilla metálica.

**Ingredientes
para las magdalenas:**

- ✓ aceite vegetal en aerosol, para engrasar (si no usas cápsulas)
- ✓ 225 g de harina
- ✓ 1 c. c. de bicarbonato sódico
- ✓ ¼ de c. c. de sal
- ✓ 1 c. c. de pimienta inglesa
- ✓ 115 g de azúcar glas
- ✓ 3 claras grandes de huevo
- ✓ 3 c. s. de margarina baja en grasa
- ✓ 150 ml de yogur natural (o con sabor a frutas)
- ✓ 1 c. c. de esencia de vainilla
- ✓ 85 g de frutas del bosque (arándanos, moras, frambuesas...)

Muffins con pepitas de chocolate

Ingredientes para los *muffins*:

✓ 3 c. s. de margarina a punto de pomada
✓ 200 g de azúcar glas
✓ 2 huevos grandes
✓ 50 ml de yogur natural entero
✓ 5 c. s. de leche
✓ 300 g de harina
✓ 1 c. c. de bicarbonato sódico
✓ 115 g de pepitas de chocolate negro

- Precalienta el horno a 200 °C.
- Forra con cápsulas de papel un molde para 12 *muffins* o magdalenas.
- Pon la margarina y el azúcar en un cuenco y remueve con una cuchara de madera hasta que obtengas una mezcla ligera y esponjosa. Añade los huevos, el yogur y la leche, y mezcla bien.
- Tamiza la harina y el bicarbonato en la preparación. Remueve hasta que los ingredientes estén bien incorporados.
- Agrega las pepitas de chocolate, mezcla y reparte la masa entre los moldes. Hornea los *muffins* durante 25 minutos, o hasta que hayan subido y estén dorados.
- Sácalos del horno y deja que se enfríen en el molde unos 5 minutos. Colócalos después sobre una rejilla metálica para que se enfríen del todo.

Muffins de nueces y miel

- Precalienta el horno a 190 ºC.
- Forra con 12 cápsulas de papel un molde para magdalenas, o pon 12 cápsulas de papel dobles en la bandeja del horno.
- Tamiza la harina, la canela, el clavo y la nuez moscada en un cuenco.
- En otro cuenco, pon la mantequilla y el azúcar, y bate hasta que la mezcla esté ligera y esponjosa. Incorpora la miel y la ralladura de naranja, y después añade gradualmente los huevos, batiendo bien tras cada adición. Mezcla esta preparación con la de harina. Añade las nueces, remueve y reparte la masa entre los moldes.
- Hornea los *muffins* 20 minutos, o hasta que hayan subido y estén dorados. Deja que se enfríen sobre una rejilla metálica.

Para la cobertura

- Mezcla las nueces con la canela. Pon la miel y el zumo de naranja en un cazo, y caliéntalo a fuego lento, sin dejar de remover.
- Cuando los *muffins* estén casi fríos, pincha la parte superior de cada una de ellos con un tenedor o una broqueta y vierte la preparación caliente de la miel. Esparce las nueces con canela por encima y sírvelos calientes o fríos.

Ingredientes para los *muffins*:

- ✓ 85 g de harina con levadura incorporada
- ✓ ¼ de c. c. de canela molida
- ✓ una pizca de clavo molido
- ✓ una pizca de nuez moscada molida
- ✓ 6 c. s. de mantequilla a punto de pomada
- ✓ 85 g de azúcar glas
- ✓ 1 c. s. de miel
- ✓ la ralladura fina de 1 naranja
- ✓ 2 huevos ligeramente batidos
- ✓ 40 g de nueces picadas finas

Para la cobertura:

- ✓ 5 g de nueces picadas finas
- ✓ ¼ de c. c. de canela molida
- ✓ 2 c. s. de miel
- ✓ el zumo de 1 naranja

Muffins de manzana y arándanos rojos*

Ingredientes para los *muffins*:

✓ 175 g de harina con levadura incorporada
✓ 50 g de harina integral con levadura incorporada
✓ 1 c. c. de canela molida
✓ 1 c. c. de bicarbonato sódico
✓ 1 huevo batido
✓ 70 g de mermelada de naranja con trocitos
✓ 150 ml de leche desnatada o semidesnatada
✓ 5 c. s. de aceite de maíz
✓ 115 g de manzana pelada, sin el corazón y cortada en dados pequeños
✓ 115 g de arándanos rojos, frescos o congelados
✓ 1 c. s. de copos de avena
✓ zumo de naranja recién exprimido, para acompañar

- Precalienta el horno a 200 °C.
- Forra con 10 cápsulas de papel un molde para *muffins*.
- Mezcla en un cuenco las dos harinas con la canela y el bicarbonato.
- Bate en otro cuenco el huevo con la mermelada hasta que estén bien mezclados. Añade la leche y el aceite. Mezcla esta preparación con la de harina, pero sin remover demasiado; quedará mejor si tiene grumos. Incorpora la manzana y los arándanos.
- Reparte la masa entre los moldes y esparce unos cuantos copos de avena sobre cada *muffin*. Hornea de 20 a 25 minutos, o hasta que hayan subido y estén dorados, y al pincharlos en el centro con una broqueta, ésta salga limpia.
- Saca los *muffins* del horno y deja que se enfríen sobre una rejilla metálica de 5 a 10 minutos. Retira los moldes y sírvalos calientes acompañados de zumo de naranja.

---

*   Lo mejor es consumirlos el mismo día que se han preparado, pero se conservan bien 24 horas en un recipiente hermético.

Muffins de fruta

- Precalienta el horno a 200 °C.
- Forra con 10 cápsulas de papel un molde para *muffins*.
- Tamiza la harina y la levadura en un cuenco y añade los restos que hayan quedado en el tamiz. Incorpora el azúcar y los orejones picados.
- Haz un hueco en el centro y añade el plátano chafado con el zumo de naranja, la ralladura de naranja, la leche, el huevo batido y el aceite. Mezcla bien hasta que obtengas una masa espesa y repártela entre los moldes.
- Esparce los copos de avena sobre los *muffins* y hornéalos de 20 a 25 minutos, hasta que la masa haya subido y esté firme, o hasta que al introducir un palillo en el centro, éste salga limpio.
- Saca los *muffins* del horno y deja que se entibien sobre una rejilla metálica. Sírvelos con un poco de mermelada, miel o sirope de arce. Decora con almendras laminadas.

Ingredientes para los *muffins*:

- ✓ 275 g de harina integral
- ✓ 2 c. c. de levadura en polvo
- ✓ 2 c. s. de azúcar moreno
- ✓ 85 g de orejones de albaricoque picados
- ✓ 1 plátano chafado
- ✓ 1 c. s. de zumo de naranja
- ✓ 1 c. c. de ralladura fina de naranja
- ✓ 300 ml de leche desnatada
- ✓ 1 huevo grande batido
- ✓ 3 c. s. de aceite de girasol o de cacahuete
- ✓ 2 c. s. de copos de avena
- ✓ mermelada de fruta, miel o sirope de arce, para servir
- ✓ almendras laminadas para servir al final (opcional)

Muffins de cerezas y queso cremoso

**Ingredientes
para los *muffins*:**

✓ 150 g de mantequilla,
y un poco más
para engrasar
✓ 200 g de queso cremoso
✓ 150 g de azúcar glas
✓ 3 huevos grandes
ligeramente batidos
✓ 300 g de harina con
levadura incorporada
✓ 100 g de cerezas secas
o frutos del bosque,
troceados
✓ azúcar glas,
para espolvorear

- Precalienta el horno a 180 °C.
- Engrasa con mantequilla un molde para 12 *muffins*.
- Derrite la mantequilla y deja que se enfríe ligeramente. Bate en un cuenco el queso cremoso con el azúcar, agrega los huevos y remueve hasta que los ingredientes estén bien mezclados. Incorpora después la mantequilla.
- Mezcla la harina y las cerezas en un cuenco e incorpora lentamente la preparación del queso. Reparte la masa entre los moldes, llenándolos sólo dos terceras partes de su capacidad. Hornea los *muffins* de 12 a 15 minutos, o hasta que estén dorados.
- Sácalos del horno y deja que se enfríen sobre una rejilla metálica. Sírvelos calientes o fríos espolvoreados con azúcar glas.

Muffins de manzana

- Precalienta el horno a 180 °C.
- Forra con 14 cápsulas de papel un molde para *muffins* o coloca 14 cápsulas de papel dobles en la bandeja del horno.
- Para preparar la cobertura, pon en el robot de cocina la harina, el azúcar, la canela y la nuez moscada. Corta la mantequilla en trozos pequeños y, junto con los demás ingredientes, amásalos con las manos o en el robot de cocina hasta que parezca pan rallado; reserva.
- Para elaborar los *muffins*, mezcla la compota con el bicarbonato, y remueve hasta que éste se haya disuelto. Pon en un cuenco la mantequilla y el azúcar, y bate hasta que obtengas una masa ligera y esponjosa.
- Pon el huevo en un cuenco y tamiza por encima la harina, la canela y la nuez moscada. Con una cuchara grande, ve incorporando esta mezcla a la mantequilla batida alternando cucharadas de compota de manzana.
- Reparte la masa entre los moldes. Cubre los *muffins* con la cobertura reservada y presiónala ligeramente con la cuchara.
- Hornéalos 20 minutos, o hasta que hayan subido y estén dorados. Deja que reposen 2 o 3 minutos antes de servirlos calientes, o deja que se enfríen del todo sobre una rejilla metálica.

Ingredientes
para los *muffins*:

- ✓ 280 g de compota de manzana en conserva
- ✓ ½ c. c. de bicarbonato sódico
- ✓ 4 c. s. de mantequilla o margarina a punto de pomada
- ✓ 85 g de azúcar moreno sin refinar
- ✓ 1 huevo grande ligeramente batido
- ✓ 175 g de harina con levadura incorporada
- ✓ ½ c. c. de canela molida
- ✓ ½ c. c. de nuez moscada recién molida

Para la cobertura:

- ✓ 50 g de harina
- ✓ 50 g de azúcar moreno sin refinar
- ✓ ¼ de c. c. de canela molida
- ✓ ¼ de c. c. de nuez moscada recién rallada
- ✓ 2 ½ c. s. de mantequilla

8

25 min

25 min

Fácil

Muffins de piña y pacanas

Ingredientes para los *muffins*:

✓ 150 g de harina
✓ 1 ½ c. c. de levadura en polvo
✓ una pizca de sal
✓ 70 g de azúcar moreno molido
✓ 115 g de nueces pacanas peladas, ligeramente picadas (pueden sustituirse por nueces tradicionales)
✓ 300 g de piña en almíbar (o fresca), o 2 plátanos grandes maduros, chafados
✓ 5 c. s. de leche
✓ 2 c. s. de mantequilla derretida
✓ 1 huevo grande batido
✓ ½ c. c. de esencia de vainilla

- Precalienta el horno a 190 °C.
- Forra con 8 cápsulas de papel un molde para *muffins*.
- Tamiza en un cuenco la harina, la levadura y la sal.
- Añade el azúcar y las nueces pacanas, y mezcla todo bien.
- Incorpora en otro cuenco la piña (o el plátano) con la leche, la mantequilla, el huevo y la esencia de vainilla.
- Mezcla esta preparacón con la de harina y remueve hasta que obtengas una masa homogénea.
- Reparte la masa entre las cápsulas de papel y hornea los *muffins* de 20 a 25 minutos, o hasta que hayan subido y estén dorados.
- Sácalos del horno y deja que se enfríen sobre una rejilla metálica.

Muffins de arándanos

- Precalienta el horno a 180 ºC.
- Forra con 14 cápsulas de papel un molde para *muffins* o coloca 14 cápsulas de papel dobles en la bandeja del horno.
- Pon la mantequilla y el azúcar en un cuenco y bátelos hasta que obtengas una preparación ligera y esponjosa. Incorpora gradualmente el huevo y la leche sin dejar de batir.
- Tamiza en otro cuenco la harina y la levadura y, con una cuchara, pasa la mezcla al cuenco de la mantequilla. Incorpora los arándanos y remueve con suavidad. Reparte la masa entre las cápsulas.
- Hornea los *muffins* unos 20 minutos, o hasta que hayan subido y estén dorados. Deja que se enfríen sobre una rejilla metálica.

Ingredientes
para los *muffins*:

- ✓ 5 ½ c. c. de mantequilla o margarina a punto de pomada
- ✓ 100 g de azúcar glas
- ✓ 1 huevo grande batido
- ✓ 2 c. s. de leche
- ✓ 100 g de harina con levadura incorporada
- ✓ 1 c. c. de levadura en polvo
- ✓ 75 g de arándanos rojos

12

25 min

20 min

Fácil

Muffins de albaricoque al cointreau

Ingredientes para los *muffins*:

✓ 1 c. s. de aceite de girasol o de cacahuete, para engrasar (si no se usan cápsulas de papel)
✓ 125 g de harina con levadura incorporada
✓ 2 c. c. de levadura en polvo
✓ 175 g de mantequilla
✓ 125 g de azúcar glas
✓ 2 huevos grandes batidos
✓ 110 ml de leche
✓ 4 c. s. de nata líquida
✓ 1 c. s. de licor de naranja, como cointreau
✓ 85 g de orejones de albaricoque troceados
✓ 85 g de dátiles secos, deshuesados y troceados

Para la cobertura:

✓ 3 c. s. de azúcar sin refinar
✓ 1 c. c. de canela molida
✓ 1 c. s. de ralladura de naranja

- Precalienta el horno a 200 °C.
- Engrasa con aceite un molde para 12 *muffins*, o fórralo con cápsulas de papel.
- Tamiza la harina y la levadura en polvo en un cuenco.
- Bate en otro cuenco la mantequilla con el azúcar e incorpora después los huevos batidos. Añade la leche, la nata y el licor de naranja, y después los orejones y los dátiles.
- Mezcla ligeramente esta preparación con la de harina, pero sin remover demasiado; quedará mejor si tiene grumos.
- Reparte la masa entre los moldes, llenándolos sólo dos terceras partes de su capacidad.

Para la cobertura

- Pon el azúcar en un cuenco pequeño, añade la canela y la ralladura de naranja, y remueve.
- Distribuye la cobertura sobre los *muffins* y hornéalos 20 minutos, o hasta que hayan subido y estén dorados. Saca los *muffins* del horno y sírvelos calientes, o deja que se enfríen sobre una rejilla metálica.

Muffins de miel y limón

- Precalienta el horno a 180 °C.
- Forra con 12 cápsulas de papel un molde para *muffins*.
- Pon el azúcar en un cuenco, junto con la mantequilla, la leche, los huevos, la mitad de la miel y la ralladura de limón, y mezcla bien.
- Tamiza la harina en un cuenco, agrega el salvado de avena y la levadura, y remueve.
- Haz un hueco en el centro de la preparación de harina y vierte la de leche. Mezcla ligeramente; quedará mejor si tiene grumos.
- Reparte la masa entre los moldes y hornea los *muffins* 25 minutos. Colócalos en una rejilla metálica.
- Mezcla el zumo de limón con el resto de la miel en un cuenco o una jarrita y vierte la preparación sobre los *muffins* aún calientes. Deja que reposen 10 minutos antes de servirlos.

**Ingredientes
para los *muffins*:**

✓ 50 g de azúcar
   sin refinar
✓ 2 c. s. de mantequilla
   derretida, sin sal y
   ligeramente enfriada
✓ 150 ml de leche
✓ 2 huevos batidos
✓ 4 c. s. de miel de flores
✓ la ralladura fina de un
   limón
✓ 225 g de harina
✓ 150 g de salvado
   de avena
✓ 1 ½ c. s. de levadura
   en polvo
✓ el zumo de ½ limón

Cake pops, cronuts, macarons y whoopie pies

Cake pops

Así se denominan las tentadoras piruletas de bizcocho, bañadas con chocolate y otros sabores deliciosos. ¡Una gran idea para vuestras fiestas!

Los *cake pops* son, en general, muy fáciles de preparar y el resultado os hará quedar muy bien en vuestras fiestas, celebraciones... y en cualquier ocasión. Lo ideal es prepararlos en casa, pero si dispones de muy poco tiempo, ese contratiempo no supondrá ningún problema: puedes elaborarlos con bizcochos ya listos.

Para preparar estos deliciosos *cake pops*, la golosina de moda que llega desde Estados Unidos, tan sólo necesitas unos ingredientes básicos: bizcocho, galletas o cereales, una crema para dar la textura justa y chocolate o glaseado para la cobertura, además de colorantes alimentarios (fáciles de encontrar en Internet y en tiendas especializadas), palillos e imaginación.

El resultado, además de estar delicioso, es visualmente espectacular.

Receta básica para elaborar *cake pops*

- Mezcla muy bien el bizcocho desmenuzado o las galletas en polvo con alguno de los otros ingredientes. Toma pequeñas cantidades de la masa y, con las manos, ve haciendo bolitas de un tamaño parecido.
- Introdúcelas en la nevera durante unas 2 horas. Al sacarlas, clava un palito a cada bola. Quedarán muy bien pegados si pones chocolate fundido en el extremo del palito que va unido al bizcocho.
- Para decorarlos bien, clávalos en una pieza de corcho y así no se moverán.

**Ingredientes
para los *cake pops*:**

- ✓ 150 g de bizcocho desmenuzado o galletas en polvo
- ✓ 150 g de glaseado, chocolate derretido, dulce de leche, crema de mantequilla o crema de queso: cualquiera de ellos es válido para unir bien el bizcocho
- ✓ unos palitos tipo piruleta (uno para cada *cake pop*)

Cake pops
de chocolate

**Ingredientes
para los *cake pops*:**

✓ 110 g de mantequilla
a punto de pomada
✓ 200 g de azúcar
✓ 2 huevos
✓ esencia de vainilla
✓ 125 g de chocolate
para derretir
✓ 100 g de harina
con levadura
✓ un cuenco de baño
de chocolate con leche
✓ virutas de chocolate
blancas y amarillas

- Para preparar la masa del *brownie*,* bate la mantequilla con el azúcar hasta que obtengas una crema. Agrega los huevos, uno a uno, y la esencia de vainilla, y vuelve a batir.
- Incorpora el chocolate derretido y, a continuación, la harina. Vierte la preparación en unos moldes de silicona pequeños y hornea durante 25 minutos. Saca del horno y deja que se enfríen.
- Inserta la punta de los palillos (previamente bañada en chocolate derretido) en los mini *brownies* y deja que se solidifiquen durante 1 hora.
- Seguidamente, baña los *cake pops* en el chocolate con leche y, retira el exceso. Colócalos sobre una base hasta que el chocolate se haya solidificado.
- Con la ayuda de un pincel, humedece los *cake pops* con un poco de agua y esparce las virutas de chocolate.
- Por último, coloca los *cake pops* en un jarrón (u otro tipo de recipiente), clavándolos en un trozo de porexpan para que no se muevan.

---

* El *brownie* es un pastel tradicional estadounidense que debe su nombre a su color marrón oscuro. El que hemos utilizado para la elaboración de estos *cake pops* no lleva nueces, pero el *brownie* típico sí las incorpora en sus ingredientes. También las puedes utilizar molidas.

Surtido de *cake pops*

- Forma las bolitas mezclando las galletas molidas y la crema de naranja e introdúcelas 1 hora en el frigorífico para que adquieran consistencia.
- Cuando estén firmes, inserta un palillo en cada una y báñalas en chocolate blanco, negro o con leche. Deja que se sequen bien antes de decorarlas.
- Decora con el glaseado* (que puedes realizar con la manga pastelera y la boquilla más pequeña), las perlitas, las virutas o las pequeñas lágrimas, y coloca los *cake pops* en un vaso ancho de cristal decorado con un gran lazo, de un color que contraste con el marrón o el marfil del chocolate.

**Ingredientes
para los *cake pops*:**

✓ 150 g de galletas tipo Digestive
✓ 150 g de crema de naranja
✓ un cuenco de baño de chocolate blanco (*véase* pág. 157)
✓ un tazón de baño de chocolate negro
✓ un cuenco de baño de chocolate con leche
✓ glasa real blanca para decorar (*véase* pág. 171)
✓ perlitas rosas y blancas
✓ virutas de colores

---

*   Para evitar que el glaseado pierda su consistencia es necesario conservarlo en envases herméticos, bien tapados y fuera del frigorífico. Así puede durar hasta dos semanas.

Cronuts

Desde Nueva York ha llegado recientemente la mezcla de un cruasán y un donut: unos pastelitos sabrosísimos, que podemos rellenar con casi cualquier cosa. Todavía hoy se pueden ver en Nueva York largas colas ante la tienda esperando su «premio» en forma de *cronut*, y con pastelerías que no venden más de dos *cronuts* por persona. ¿Una deliciosa locura?

Se trata de una pasta dulce, un híbrido entre el tradicional donut neoyorkino y el cruasán francés, que es parte ya de la carta de pastelerías y bares, y que puede encontrarse hasta en los típicos *brunchs* del domingo.

Esta fiebre del *cronut* comenzó en 2013, cuando el pastelero Dominique Ansel ponía a la venta su primera versión: el *cronut* de vainilla rosa. Pero hay que decir que el abuelo de Guillem Lleonart (Sant Celoni, Barcelona) ya los elaboraba y él mismo publicó la idea en algunas páginas web gastronómicas americanas. El creador afirma que la masa es especial y no simplemente la misma que la de los cruasanes (y que no revelará su fórmula), pero lo cierto es que es muy parecida. En efecto, no se prepara con hojaldre, sino con una masa hojaldrada (gracias a la mantequilla) y fermentada (debido a la levadura). El proceso total lleva 3 días de paciente entrega y cuidado.

Otras versiones

Dulces, salados, rellenos de chocolate, de crema, de nata, con mermeladas... En Londres ya ofrecen un «dosant», que consiste en el tradicional cruasán, glaseado y relleno de dulce. En Australia comercializan una réplica muy similar con nombre de «dossant».

En Cataluña venden una recreación del típico «xuixo» de Girona, con su masa esponjosa y cobertura de azúcar, dándole la forma de un donut.

Y en Malasia tienen su KLonut («KL» por Kuala Lumpur). Elaborado con una masa de pasta común (no de cruasán) y bañado con diferentes coberturas, desde natillas de vainilla o chocolate, los tradicionales de azúcar glaseado, mermeladas, mantequilla de cacahuete con caramelo...

Antes de elaborar *cronuts* en casa

Un consejo que podemos dar antes de preparar *cronuts* en casa para que os queden muy bien, como los de los pasteleros profesionales, es que primero se adquiera un poco de práctica con los cruasanes horneados bien hechos, con sus tres capas y su mantequilla de buena calidad (al igual que el resto de ingredientes). Puedes consultar un tutorial en http://www.youtube.com/watch?v=slQv5VHeO8Q

Es verdad que los *cronuts* pueden elaborarse con masa de hojaldre ya preparada, pero aunque los rellenemos y los acabemos con un buen glaseado, si la masa del *cronut* no es de calidad, el resultado no será el mismo.

Freír en vez de hornear

En todo caso, si queremos que el resultado sea el de un auténtico *cronut* (y que, por tanto, tenga un sabor más a «donut»), entonces en vez de hornear hay que freírlos.

Parecen fáciles de elaborar (hay buenos vídeos en Internet), pero hay que tener en cuenta que se necesita amasar mucho, tener paciencia... y un poco de práctica.

Receta básica para elaborar *cronuts*

**Ingredientes
para el hojaldre:**

✓ 500 g de harina
de fuerza
✓ 25 g de levadura
(de panadería)
✓ 75 ml de agua tibia
✓ 50 g de mantequilla
✓ 75 g de azúcar
✓ 2 huevos
✓ 75 ml de leche entera
✓ 200 g de mantequilla
a punto de pomada

Preparación del hojaldre con levadura

- Tamiza la harina y forma dos volcanes, uno de ellos sólo con la cuarta parte de la harina. Mézclala con la levadura y con el agua, y luego forma una bola, que fermentará en un cuenco con agua (hasta que forme una esponja).
- En el volcán más grande, añade el resto de los ingredientes, excepto los 200 g de mantequilla.
- Cuando esté todo mezclado, agrega la esponja y amasa bien durante 10 minutos, hasta que obtengas una masa elástica, pero ligeramente húmeda.
- Practica dos cortes en cruz y deja que repose 10 minutos.
- Estira la masa, mejor en forma de cruz, y añade en el centro los 200 g de mantequilla, cerrando bien la masa como si fuera un sobre, y, con la ayuda de un rodillo, aplasta la masa, estirándola y dejando tres veces más longitud que anchura.
- Pliega la masa sobre sí misma y vuelve a estirar de nuevo.
- Repite un par de veces esta operación.

Preparación de la crema

- Calienta en un cazo la leche junto con la canela, pero sin que llegue a hervir, y reserva.
- En un recipiente, mezcla la harina tamizada junto con la maicena y el azúcar.
- Añade las yemas, ½ vaso de la leche de canela y bate bien con ayuda de unas varillas.
- Retira la canela de la leche y agrégala a la preparación anterior.
- Lleva a ebullición a fuego lento, sin dejar de remover, con la ayuda de una cuchara de madera. Cuando espese un poco estará lista.
- Retira del fuego y deja que se enfríe a temperatura ambiente.

Para la crema:

✓ 500 g de leche
✓ 1 rama de canela
✓ 40 g de harina
✓ 25 g de maicena
✓ 100 g de azúcar
✓ 3 yemas de huevo
✓ 2 c. s. de crema de vainilla (opcional)

Elaboración del glaseado de azúcar y rosa

- En un cazo o cuenco, mezcla el azúcar glas con el zumo de limón y unas gotas de agua.
- Para preparar el glaseado rosa, sigue los mismos pasos anteriores, pero añade unas gotitas de colorante alimentario rosa.

Para el glaseado de azúcar:

✓ 100 g de azúcar glas
✓ el zumo de ½ limón
✓ unas gotas de agua

Para el glaseado rosa:

✓ 100 g de azúcar glas
✓ el zumo de ½ limón
✓ unas gotas de colorante de color rosa
✓ unas gotas de agua

Preparación de la masa de *cronut* casero

- Corta la masa en círculos con la ayuda de un vaso o una tapa (uno grande y otro más pequeño). Ve colocándolos encima de una placa de horno, que habrás forrado con papel sulfurizado. Deja que repose unos 20 minutos.
- En una sartén con abundante aceite, fríe cada *cronut* por un lado y por otro, hasta que estén dorados.
- Ahora, con la ayuda de una jeringuilla de cocina, rellena un poco los *cronuts* con la crema pastelera de vainilla, y, para terminar, rebózalos en el glaseado de azúcar. Deja que el glaseado se enfríe.
- Finalmente, añade el glaseado de color rosa.

Cronuts con masa de hojaldre preparada

2-3

variable
(según la
habilidad)

Media

- Precalienta el horno a 30-35 ºC.
- Espolvorea un poco de harina sobre la superficie de trabajo y estira la masa de hojaldre fresca, a la que habrás retirado el papel sulfurizado.
- Corta la masa por la mitad. Pincela una mitad con el aceite. Colócale por encima la otra mitad de la masa. Puedes hacer 2, 3 o hasta 4 capas...
- Utiliza una plantilla (un táper redondo, por ejemplo) para crear la forma. Asimismo, con algo más pequeño (como un palillero ancho, un vaso de chupito o un descorazonador de manzanas) haz el agujero del centro. Si ya tienes cortadores de estos dos tamaños (suelen ser metálicos), empléalos, ya que son mucho más cómodos.
- Hornea durante unos 60 minutos a 30-35 ºC.*
- Vierte el aceite en una cacerola o freidora y, cuando esté bien caliente, fríelos y déjalos sobre papel absorbente.
- Pásalos por azúcar y canela. Luego, con un biberón, rellénalos con lo que más te guste. Por ejemplo, sirope de fresa, un poco de nata y decora con virutas de chocolate por encima... O bien traza un aro de crema pastelera, o cualquier otra mermelada, miel, chocolates, crema o coberturas pasteleras con un poco de ralladura de limón... Los *cronuts* admiten toda clase de rellenos.

Ingredientes para los *cronuts*:

✓ 1 paquete de masa de hojaldre fresca
✓ harina para amasar
✓ aceite de girasol (o un aceite vegetal de calidad) para freír
✓ azúcar
✓ canela

Para el relleno:

✓ mermeladas, miel o melazas, crema o coberturas pasteleras

Para decorar:

✓ virutas o bolitas de chocolate

---

* Con la masa sobrante puedes preparar algún *cronut*, o freírla, a modo de aperitivo (tanto dulce como salado).

135

Macarons

Los *macarons* son como dos besos de galleta que abrazan un fantástico relleno. Tanto si les llaman *maccaroons*, macarones o macaronias, se trata de unas dulces y coloristas excelencias de la repostería francesa, que poseen el don de gustar a todos.

Macarons de merengue de limón

- Precalienta el horno a 175 °C.
- Tamiza la almendra molida con el azúcar glas unas cuatro o cinco veces. En un cuenco, bate las claras a punto de nieve, añade el azúcar y sigue batiendo hasta que obtengas un merengue.
- Agrega el colorante alimentario que desees y la harina que has tamizado, y mezcla con movimientos envolventes, de abajo arriba, procurando que no pierda aire.
- Pon la preparación en una manga pastelera* y haz los *macarons* en una placa forrada con papel sulfurizado. Deja que los pastelitos reposen 2 o 3 horas y luego hornéalos de 10 a 12 minutos.
- Para el relleno, elabora un *lemon curd* batiendo en un cuenco los huevos, el azúcar, el zumo de limón y la ralladura. Pon agua al fuego en una cacerola y dentro de ésta, el cuenco con la preparación. Remueve, y en cuanto espese, retírala del fuego y pon el cuenco dentro de otro recipiente con agua fría. Sin dejar de batir, agrega la mantequilla.
- Cuando la crema se haya enfriado, coloca las tapas de los *macarons*.

Ingredientes
para los *macarons*:

- ✓ 75 g de almendras molidas
- ✓ 135 g de azúcar glas
- ✓ 2 claras de huevo
- ✓ 35 g de azúcar
- ✓ colorantes alimentarios variados

Para el relleno:

- ✓ 100 g de huevos
- ✓ 50 g de azúcar
- ✓ 100 g de zumo de limón
- ✓ la ralladura de 1 limón
- ✓ 10 g de mantequilla

---

* Para rellenar fácilmente la manga pastelera, conviene poner una servilleta de papel húmeda en el fondo de un vaso alto y, en su interior, la manga, de modo que la boca esté bien abierta para poner en ella la crema.

Macarons con moras

Ingredientes para los *macarons*:

✓ 125 g de almendras molidas
✓ 3 claras de huevo
✓ 200 g de azúcar glas
✓ colorante alimentario de tonos variados

Para el relleno:

✓ 50 g de moras
✓ 100 ml de nata
✓ 50 g de azúcar glas

- Precalienta el horno a 160 °C
- Tamiza las almendras molidas unas tres o cuatro veces. Monta las claras de huevo en un cuenco; en cuanto empiecen a adquirir consistencia, añade el azúcar glas, previamente tamizado.
- Cuando hayas incorporado todo el azúcar, agrega el colorante alimentario que desees y añade la harina de almendras, poco a poco, mezclándola con movimientos suaves y envolventes para que las claras no pierdan aire.
- Pon esta preparación en una manga pastelera con una boquilla ancha y dispón los círculos que formarán los *macarons* en una placa de horno forrada de papel sulfurizado, o bien sobre una bandeja de silicona.
- Deja que los *macarons* reposen 2 o 3 horas, y luego hornéalos de 10 a 12 minutos.*
- Para unir las tapas, pon en un colador 50 g de moras bien limpias y aplástalas con el dorso de una cuchara para obtener su zumo.
- Monta la nata con el azúcar glas y, cuando haya triplicado su volumen, vierte el zumo de moras.

---

* Si horneas los *macarons* en un horno sólo con calor en la parte inferior, conviene bajar la temperatura poniendo una o incluso dos bandejas debajo de la que contenga los *macarons*.

Macarons «Dulce nube»

- Precalienta el horno a 160 °C.
- Tamiza la harina de almendras o las almendras molidas, junto con el azúcar glas, por lo menos unas cuatro veces. En un cuenco, bate las claras de huevo a temperatura ambiente hasta que adquieran consistencia.
- Una vez que las claras estén listas, añade el azúcar y continúa batiendo para formar un merengue. Finalmente, agrega el colorante alimentario y la harina de almendras tamizada y mezcla suavemente, evitando que las claras pierdan aire.
- Pon la preparación en una manga pastelera y dibuja círculos de unos 4 cm sobre una placa forrada con papel sulfurizado.* Deja que los *macarons* reposen unas 2 o 3 horas y luego hornéalos de 10 a 12 minutos.
- Para preparar el relleno, derrite las nubes troceadas en un cazo al baño María. Cuando se hayan disuelto, añade el jengibre en polvo; bate bien y cuando esté templada, usa esta crema para unir las tapas de los *macarons*.

Ingredientes
para los *macarons*:

✓ 175 g de harina de almendras o de almendras molidas
✓ 150 g de azúcar glas
✓ 2 claras de huevo
✓ 35 g de azúcar
✓ colorante alimentario rojo y anaranjado

Para el relleno:

✓ 200 g de nubes
✓ 1 c. c. de jengibre en polvo

---

* Para que el papel sulfurizado no se mueva mientras estás elaborando los *macarons* (o cualquier otra preparación con manga pastelera), antes de iniciar la operación, pon un punto de masa en cada esquina de la placa de horno para que actúe a modo de pegamento y fije el delgado papel.

Los *whoopie pies*

Los *whoopie pies* se elaboraron por primera vez en Estados Unidos. Se considera que las mujeres amish de Pensilvania fueron las primeras en prepararlos con la masa que sobraba después de elaborar pasteles. En un principio se les llamó *gob* («montón» en español), pero enseguida empezaron a conocerse como *whoopie pies* porque los niños amish exclamaban *whoopie!* al encontrarlos en sus fiambreras. Hace unos cien años que los venden los panaderos de Maine y allí se consideran su postre nacional. Pero hoy son populares en todo Estados Unidos y cada vez se conocen más, con una u otra variante, en todo el mundo. Estos dulces están a medio camino entre una galleta rellena y un pastel por capas en miniatura. Y, al igual que las galletas, pueden ser de todos los tamaños y formas.

Algunos consejos de preparación

Cocción

Los *whoopies* se pueden hornear tan fácilmente como las galletas. Quizá quieras invertir en moldes de silicona para los *whoopies* y los *macarons*. Se venden en tiendas especializadas en cocina y también a través de Internet. Sin embargo, también es posible prepararlos en una fuente para horno forrada con papel sulfurizado.

Mantequilla

Asegúrate de que sea fresca. La mantequilla se conserva bien en el frigorífico solamente durante 2 o 3 semanas. Utiliza siempre mantequilla a punto de pomada a temperatura ambiente cuando trabajes con azúcar. Bate a mano o con una batidora eléctrica, hasta que la preparación quede suave y cremosa. Para elaborar los glaseados, asegúrate de utilizar siempre una de buena calidad.

Cacao en polvo

Casi siempre es necesario tamizarlo para eliminar los grumos y que quede esponjoso.

Huevos

Utiliza siempre huevos frescos. Consérvalos preferiblemente en el estante superior de la nevera y no en el compartimento para huevos (que no es suficientemente frío). Consérvalos en su caja de cartón para evitar que absorban los olores de otros alimentos. En estas recetas hemos usado huevos de tamaño grande (60 g). A la hora de cocinar, los huevos han de estar a temperatura ambiente. Sácalos del frigorífico 1 o 2 horas antes de empezar.

Harina

Aunque la harina la suelen vender pretamizada, es recomendable tamizarla de nuevo antes de añadirla a la masa.

Azúcar

El azúcar es un ingrediente básico en las recetas de *whoopie pies*, para dar estructura y textura al producto final. La mayoría de nuestras recetas necesitan azúcar granulado normal; sólo unas pocas requieren azúcar glas. Si no tienes azúcar glas a mano, puedes elaborarlo fácilmente poniendo azúcar granulado de 20 a 30 segundos en un robot de cocina. También puedes usar azúcar moreno integral, claro u oscuro, que cada vez es más fácil de encontrar en los supermercados.

Para la fermentación

La mayor parte de recetas de *whoopie pies* usan agentes de fermentación químicos como la levadura en polvo o el bicarbonato sódico.

Whoopie pies
paso a paso

Los *whoopie pies* se pueden preparar en moldes de silicona o en una fuente de horno forrada con papel sulfurizado. Si se usa una fuente para horno, hay que asegurarse de espaciarlos, ya que aumentan de tamaño durante la cocción. Éstos son los pasos básicos para preparar *whoopie pies*, desde la fuente para hornear, hasta el relleno y el glaseado de los *whoopie pies* recién cocinados.

1. Coloca láminas de silicona con 20 cavidades para *whoopie pies* o *macarons*.
2. Como alternativa, forra fuentes para horno grandes con papel sulfurizado.
3. Tamiza la harina, el bicarbonato sódico y la sal en un recipiente.
4. Bate la mantequilla y el azúcar con una batidora de mano, de pie o con una cuchara de madera hasta que esté cremosa.
5. Añade los huevos, de uno en uno, sin dejar de batir. Agrega la vainilla y la mezcla de harina y leche de forma gradual.
6. Pon la masa en una manga pastelera con una boquilla fina y rellena los moldes o la fuente preparada.
7. Como alternativa, pon cucharadas de masa en las láminas de silicona. En una fuente para hornear, separa 5 cm las cucharadas de masa. Hornea de 10 a 12 minutos, hasta que estén consistentes. Deja que se enfríen en una rejilla.
8. Prepara el relleno como indique la receta y une las dos partes del *whoopie*.
9. Elabora el relleno como indique la receta y decora los *whoopies*.

Whoopies fáciles de limón

Ingredientes para los *whoopies*:

✓ 225 g de harina de repostería
✓ 1 c. c. de levadura
✓ ¼ de c. c. de sal
✓ ¼ c. c. de bicarbonato sódico
✓ 190 g de mantequilla
✓ 200 g de azúcar
✓ ½ c. c. de esencia de vainilla
✓ 3 huevos grandes
✓ 90 ml de leche
✓ 60 ml de zumo de limón recién exprimido
✓ 1 c. s. de ralladura de limón sin encerar
✓ azúcar glas para espolvorear

Para el relleno:

✓ 250 ml de nata líquida
✓ 2 c. s. de azúcar
✓ 2 c. s. de limón confitado picado fino

- Precalienta el horno a 180 °C.
- Prepara dos láminas de silicona con 20 cavidades para *whoopie pies* o *macarons*. Como alternativa, forra varias fuentes para horno con papel sulfurizado.
- Tamiza la harina, la levadura, la sal y el bicarbonato sódico en un recipiente.
- Bate la mantequilla, el azúcar y la vainilla en un recipiente hasta que quede suave y cremoso. Agrega los huevos, uno a uno. Añade la mezcla de harina de forma gradual, alternando con la leche, el zumo y la ralladura de limón.
- Dispón bolas del tamaño de una nuez con una cuchara o con una manga pastelera en las láminas o en las fuentes preparadas, espaciándolas bien.
- Hornea de 10 a 12 minutos, hasta que queden doradas. Coloca en bandejas de rejilla y deja enfriar por completo.

Para el relleno

- Bate la nata y el azúcar hasta que espese. Agrega el limón confitado.
- Une las dos partes de *whoopie* con el relleno. Decora espolvoreando generosamente con azúcar glas. Deja reposar hasta que estén listos para servir.

Whoopies amorosos

- Para preparar los *whoopies*, precalienta el horno a 190 ºC.
- Prepara dos láminas de silicona con 20 cavidades para *whoopie pies* o *macarons*. Como alternativa, forra varias fuentes para horno con papel sulfurizado.
- Tamiza la harina, el cacao, la levadura y la sal en un recipiente.
- Bate la mantequilla y el azúcar en un recipiente hasta que esté cremoso.
- Añade el huevo y bate hasta que esté bien mezclado.
- Agrega la vainilla.
- Incorpora la mezcla de harina de forma gradual, alternando con el suero de mantequilla y el colorante alimentario.
- Dispón bolas del tamaño de una nuez con una cuchara o con una manga pastelera en las láminas o en las fuentes preparadas, espaciándolas bien.
- Hornea de 10 a 12 minutos, hasta que estén consistentes.
- Coloca en bandejas de rejilla y deja enfriar por completo.

Para el relleno

- Bate la mantequilla hasta que esté suave y cremosa. Añade el queso para untar y remueve hasta que esté bien mezclado. Tamiza el azúcar glas en la preparación de queso para untar, agrega la vainilla y bate hasta que esté suave.
- Une las dos partes de *whoopie* con el relleno. Dejar reposar hasta que estén listos para servir.

Ingredientes
para los *whoopies*:

- ✓ 300 g de harina común
- ✓ 30 g de cacao en polvo sin azúcar
- ✓ 1 ½ c. c. de levadura
- ✓ ¼ de c. c. de sal
- ✓ 120 g de mantequilla a punto de pomada
- ✓ 200 g de azúcar moreno
- ✓ 1 huevo grande
- ✓ 1 c. c. de esencia de vainilla
- ✓ 180 ml de suero de mantequilla
- ✓ 1 c. c. de colorante alimentario rojo

Para el relleno:

- ✓ 250 g de mantequilla sin sal a punto de pomada
- ✓ 500 g de queso para untar, ablandado
- ✓ 600 g de azúcar glas
- ✓ 2 c. c. de esencia de vainilla

Técnicas, utensilios y materiales

Trucos y consejos
para que todo salga perfecto

Ganache

La *ganache* de chocolate es esencial para preparar un gran número de recetas de *cup-cakes* y repostería en general.

- Para elaborar *ganache* blanca u oscura, pon el chocolate troceado en un cuenco grande.
- Calienta la nata en una cacerola hasta que empiece a hervir. Viértela sobre el chocolate y remueve suavemente con una cuchara de madera hasta que la *ganache* tenga un aspecto terso. (No utilices una batidora eléctrica, ya que crearás demasiadas burbujas de aire en la *ganache*).

Con microondas

- Pon el chocolate troceado y la nata en un recipiente para microondas y caliéntalo todo durante 1 o 2 minutos a temperatura máxima.
- A continuación, retíralo y remueve la mezcla. Vuelve a calentarlo y, a continuación, remueve hasta que la *ganache* esté homogénea y lisa.
- Retira el recipiente del microondas, cúbrelo con film transparente y deja que repose 5 minutos. Sacude el recipiente para que todo el chocolate se hunda en el fondo.
- Alisa con una cuchara de madera hasta que esté homogéneo.
- Espera a que se enfríe y deja que se asiente durante toda la noche.

Con estas recetas se obtiene aproximadamente 1,8 kg de *ganache*, que es suficiente para cubrir cada uno de los pasteles que aparecen en este libro (sobrará un poco, por si se produce algún contratiempo).

Para la *ganache* blanca:
- ✓ 1,3 kg de chocolate blanco, troceado finamente
- ✓ 450 ml de nata

Para la *ganache* oscura:
- ✓ 1,2 kg de chocolate negro, troceado finamente
- ✓ 600 ml de nata

El porcentaje de cacao:

El chocolate ideal para elaborar la *ganache* es una variedad de cobertura con un 53-63 % de cacao. En tiempo frío, deberás añadir un poco más de nata o reducir la cantidad de chocolate para que la *ganache* no quede dura. Si no encuentras chocolate de cobertura, puedes utilizar chocolate negro de la sección de repostería del supermercado.

¿Cuál es la diferencia entre la *ganache* blanca y la oscura?

La *ganache* de chocolate blanco es más dulce y combina muy bien con el pastel de coco y el de zanahoria. La de chocolate blanco es menos estable que la elaborada con chocolate negro, así que, cuando el clima es muy cálido o cuando quieras preparar pasteles tridimensionales complicados, es bastante más fácil usar la *ganache* de chocolate negro.

¿Qué tipo de nata se usa para elaborar la *ganache*?

Podemos usar nata líquida normal (no las natas «espesadas», ya que contienen gelatina). Usa nata con un contenido bajo en grasa, puesto que no se espesa cuando se bate.

¿Durante cuánto tiempo se conserva la *ganache*?

Normalmente, puedes conservar la *ganache* en el frigorífico durante una semana. Sin embargo, cuando compres la nata, debes comprobar siempre la fecha de caducidad y asegurarte de que, como mínimo, tenga una duración de una semana.

¿Cómo se conserva la *ganache*?

La *ganache* permite elaborar la cantidad suficiente para cubrir un pastel y te sobrará un poco por si algo sale mal. Se puede preparar bastante cantidad de *ganache* y luego conservarla en pequeños recipientes para congelarla. Si tienes pensado usar la *ganache* durante los próximos días, introdúcela en el frigorífico y, antes de usarla, sácala para que esté a temperatura ambiente.

¿Se puede recalentar la *ganache*?

La *ganache* que se saca directamente del frigorífico estará demasiado dura como para poder extenderla en un pastel. Consérvala en recipientes pequeños y calienta en el microondas la cantidad que necesites en pequeños intervalos de 10 a 20 segundos. Remuévela después de cada intervalo y asegúrate de no «cocer» la *ganache*, ya que, de lo contrario, se quemará y quedará demasiado espesa. Si no tienes microondas, vierte la *ganache* en una cacerola y caliéntala a fuego lento, removiéndola y asegurándote de que no se queme.

Baño de chocolate

- Trocea el chocolate y ponlo en un cuenco.
- Calienta en un cazo la nata, y cuando empiece a hervir, viértela sobre el chocolate.
- Deja reposar 2 minutos, y luego remueve hasta que el chocolate se funda y adquiera la textura de una crema homogénea.
- En este momento, comienza a incorporar la mantequilla o margarina a temperatura ambiente, a cucharadas, mezclando siempre para que se derrita y se integre.
- Deja reposar unos minutos, hasta que la crema esté un poco densa, y esté lista para usar.

Para bañar un bizcocho o cualquier otra preparación
- Coloca el bizcocho sobre una rejilla que esté a cierta distancia de la fuente sobre la que se está trabajando, ya que hay que dejar espacio al chocolate.
- Vierte la cobertura en el centro del bizcocho, dejando que caiga hacia los lados, para bañar perfectamente la superficie y los lados del bizcocho. Si queda algún lugar donde no haya chocolate, añade más cobertura, con la ayuda de una cuchara, justo encima de la parte que hay que cubrir.
- Deja solidificar la cobertura sobre la rejilla, y coloca el bizcocho sobre la fuente o plato que usarás para servirlo. Introdúcelo en la nevera y sácalo unos minutos antes de servir.

Ingredientes para el baño:
- ✓ 150 g de chocolate (mínimo 50-55% de cacao)
- ✓ 125 g de nata
- ✓ 30 g de mantequilla o margarina

Pasta americana

Ingredientes
para una porción:

✓ 6 c. s. de agua
✓ 1 hoja de 7 g
de gelatina neutra
✓ 1 c. c. de glicerina
✓ 1 c. s. de glucosa
✓ 1 c. s. de margarina
✓ 750 g de azúcar glas
✓ 1 c. c. de esencia
aromatizada incolora

- Vierte el agua en un recipiente, añade la gelatina en forma de lluvia y deja que repose.
- Agrega la glicerina, la glucosa y la margarina.
- Derrite los ingredientes al baño María a fuego lento, removiendo, para que la mezcla no se pegue al fondo del recipiente.
- Retira del fuego e incorpora una parte del azúcar. Remueve para que el azúcar se incorpore bien, mezclando constantemente; añade la esencia.
- Continúa agregando el azúcar y mezcla bien.
- Cuando la preparación ya no se pueda remover, espolvorea un poco de azúcar sobre la superficie de trabajo y por encima de la masa.
- Amasa hasta obtener una mezcla homogénea que no se pegue a las manos. La masa estirada no debe agrietarse. Introdúcela en una bolsa de plástico, tratando de obtener la mayor cantidad de aire posible. Consérvala en un lugar fresco o en el congelador, hasta que esté lista para su uso.
- Si la has introducido en el congelador, antes de usarla conviene dejar la pasta a temperatura ambiente y amasarla de nuevo. También puedes ponerla en el microondas durante 10 segundos.

Praliné

El praliné es, en general, una mezcla de almendras o avellanas bañadas en caramelo.

Ingredientes para 525 g:

✓ 100 g de frutos secos, como cacahuetes, almendras, nueces pacanas, avellanas, nueces de macadamia, de California o nueces en general (tanto juntas como por separado)
✓ 450 g de azúcar
✓ 125 ml de agua

- Forra una bandeja grande para hornear con papel sulfurizado y resérvala.
- Según su tamaño y tu preferencia, pica los frutos secos o déjalos enteros, y luego dóralos en una sartén mediana a fuego bajo para que liberen sus aromas. Retira del fuego y reserva.
- Pon el azúcar en una sartén pequeña de acero inoxidable y fondo grueso, junto con el agua, y hierve a fuego medio, removiendo hasta que el azúcar se disuelva. Deja que hierva de 6 a 8 minutos sin remover, hasta que adquiera un color dorado oscuro.
- Retira del calor, añade los frutos secos hasta que estén cubiertos y ponlos en la bandeja. La mezcla estará muy caliente, así que ten cuidado y no la toques. Deja que repose durante 15 minutos para que se enfríe y endurezca.
- Una vez el praliné esté listo, rompe el bloque en trozos pequeños, ya sea con las manos o con ayuda de un rodillo.*

Variante

Otra opción es poner los pedazos en un robot de cocina y triturar hasta obtener trozos más pequeños.

---

* Puedes conservarlo en la nevera durante una semana en un recipiente hermético. Coloca los trozos más grandes en capas, poniendo papel sulfurizado entre ellas; los trozos pequeños pueden ir en un montoncito, aunque tendrás que separarlos cuando los vayas a usar.

Decorar y glasear

Boquillas para escribir

Puntos

Sostén la manga con una boquilla pequeña para escribir formando un ángulo de 90º, justo por encima del pastel. Presiona suavemente la manga sobre el glaseado, hasta que consigas un punto. Interrumpe la presión y levanta la boquilla.

Alisar puntos

Si la boquilla deja una pequeña cola en la parte superior del punto, alísalo con cuidado con el dedo previamente untado con azúcar glas o maicena.

Boquillas en forma de estrella

Estrellas

Con la boquilla formando un ángulo de 90° sobre el pastel, presiona la manga para conseguir una estrella y luego levántala manteniendo la boquilla sobre el glaseado. Deja de presionar y levanta la boquilla.

Rosetas

Coloca la boquilla como en el caso de las estrellas, pero a medida que presiones la manga, mueve el extremo de la boquilla de manera que cree un movimiento circular. Interrumpe la presión y levanta la boquilla.

Una selección de boquillas de estrella de cinco puntas

Utiliza la estrella pequeña para trazar pequeñas rosetas y bordes decorativos.

Cesta

Con esta boquilla se obtienen las líneas acanaladas que forman el diseño trenzado de nuestro pastel de cesta de fresas.

Pétalo

Las boquillas de pétalo, con una abertura más grande en un extremo, se utilizan para conseguir pétalos, cintas y lazos.

Hoja

La abertura en forma de «V» de esta boquilla forma hojas, nervaduras y puntas, espirales y letras. Utiliza un glaseado alargado para obtener un caudal más uniforme. Con la boquilla formando un ángulo de 45°, inicia el glaseado y levanta la boquilla para obtener espirales; interrumpe la presión y levanta la boquilla.

Cuerdas

Sostén la manga pastelera formando un ángulo de 45° y dibuja una C. Coloca el extremo de la boquilla bajo la porción inferior de la C, y repite la operación, solapando las curvas.

Cómo glasear un *cupcake*

Recuerda que con la práctica todos podemos conseguir unos *cupcakes* perfectamente glaseados, pero al principio no es tan fácil como podría parecer. Aquí presentamos una breve guía paso a paso que ayudará a conseguir un resultado perfecto.

1. Para mantener la consistencia del glaseado de crema de mantequilla lo más fina posible, bátelo con una batidora eléctrica manual antes de empezar. Entre el glaseado de uno y otro *cupcake*, remueve con un cuchillo.

2. Empieza retirando la mayor cantidad posible de crema de mantequilla con un cuchillo paleta y colócala en el centro del *cupcake*.

3. Mantén el cuchillo de manera que la cara plana esté en contacto con la crema de mantequilla, y trabaja el glaseado desplazándolo a un extremo del *cupcake*, empujándolo con toques breves.

4. Recoge más crema de mantequilla y repite el paso 3, pero esta vez llevando el glaseado hacia el extremo opuesto del *cupcake*.

5. Añade otra tanda de glaseado al *cupcake* uniendo los extremos, a la vez que formas un pico central con el resto.

6. Introduce el extremo del cuchillo en el centro del *cupcake* glaseado en dirección contraria a las agujas del reloj, realizando un movimiento circular para crear un efecto arremolinado.

7. Decora el *cupcake* a tu gusto. Asegúrate de espolvorearlos con confites enseguida, ya que de lo contrario el glaseado cuajará un poco, lo que hará que la decoración no esté bien adherida.

Glaseado

- Tamiza el azúcar glas en un recipiente. Incorpora las gotas de esencia y añade el agua gradualmente, sin dejar de remover, hasta que obtengas una preparación suave que cubra el dorso de una cuchara.
- Si la preparación fuera demasiado líquida y traslúcida, agrega un poco más de azúcar glas. En cambio, si quedara muy espesa, incorpora más agua a la preparación.
- Si se desea, es el momento de teñir el glaseado con colorantes para repostería. Pon el recipiente sobre otro con agua hirviendo, hasta que el glaseado esté tibio. Así, ya está listo para usar.

Ingredientes:

- ✓ 200 g de azúcar glas
- ✓ unas gotas de esencia de vainilla
- ✓ 7 c. s. (105 ml) de agua hirviendo

Glaseado de crema de mantequilla al agua de azahar

Ingredientes:

✓ 115 g de mantequilla, a punto de pomada
✓ 2 c. s. de zumo de naranja
✓ 500 g de azúcar glas, tamizado
✓ 1-2 c. c. de agua de azahar (mejor si es concentrada)

- Mezcla en un cuenco grande la mantequilla, el zumo y la mitad del azúcar glas, hasta que obtengas una preparación homogénea.
- Agrega gradualmente el resto del azúcar glas y sigue batiendo hasta que la mezcla esté cremosa y homogénea.
- Añade el agua de azahar* y bate de nuevo. Prueba el glaseado para comprobar si está suficientemente aromatizado y, si fuese necesario, vierte un poco más de agua de azahar.

---

* El agua de azahar puede sustituirse por cualquier otra esencia o licor.

Glasa real

- Pon la clara en un cuenco con 3 o 4 cucharadas de azúcar glas. Comienza a batir y agrega el zumo de limón. Sin dejar de batir, incorpora más azúcar, hasta que la preparación esté firme y forme picos bien marcados.
- Utiliza la glasa real para realizar detalles como líneas, puntos y trazos en las decoraciones. Para obtener diferentes colores, emplea colorantes alimentarios.

Ingredientes:

✓ 1 clara de huevo
✓ 250 g de azúcar glas
✓ 6 o 7 gotas
  de zumo de limón

Glaseado fluido para bañar los *cake pops*

Ingredientes:

✓ glasa real
(*véase* pág. 171)
✓ zumo de limón o agua

- Pon en un recipiente un poco de glasa real a punto y vierte despacio el zumo de limón o el agua.
- El punto del glasé fluido se obtiene dejando caer una pequeña parte de la preparación dentro del recipiente en el que se preparó.
- Al cabo de unos 10 segundos, la superficie ha de quedar uniforme y nivelada (el copete de glaseado habrá sido absorbido por el resto de la preparación).

Usar la manga pastelera con la glasa real

Boquillas

Las boquillas de la manga que se utilizan para aplicar la glasa real tienen una medida que oscila entre el 00 y el12, y los números se corresponden con el tamaño del agujero, donde el 00 es la boquilla más pequeña.

Usar la boquilla n.º 1 (pequeña) podría resultar frustrante para los nuevos decoradores, así que es mejor comenzar por una boquilla n.º 2 o de mayor tamaño, e ir reduciendo poco a poco el calibre. Si sólo empleas la manga pastelera para trabajar con glasa real y no con crema de mantequilla, para empezar, sólo necesitarás un par de boquillas redondas.

Elaboración de la glasa real

Puedes preparar tu propia glasa real o puedes comprar una mezcla de glasa real instantánea, que es un buen sustitutivo. Antes de aplicar la glasa real con la manga pastelera, es esencial que tenga la consistencia adecuada; no debe estar demasiado líquida ni demasiado espesa, ya que bloquearía la boquilla de la manga.

Cuando la glasa real se seca, adquiere una consistencia muy dura, y comenzará a asentarse en cuanto se elabore, así que siempre tiene que estar cubierta con film transparente.

Colores y utensilios

Si deseas dar color a la glasa real, añade colorante alimentario en cantidades muy pequeñas y mezcla la glasa real y el colorante usando una espátula. Puedes realizar esta tarea sobre una base o sobre un plato. No crees un color demasiado oscuro, ya que se oscurecerá cuando se seque.

Las mangas pasteleras de plástico, sean o no desechables, son perfectas para decorar pasteles en casa. Si tienes una manga pastelera como la que aparece en el capítulo dedicado a los utensilios, necesitarás un acoplador y una boquilla.

Rellenar la manga pastelera

Rellena únicamente un tercio de la manga pastelera con glasa real y empújala hacia abajo, en dirección a la boquilla. Presiona un poco la manga para eliminar las bolsas de aire que haya en el interior. Si te resulta muy difícil sujetar la manga y llenarla al mismo tiempo, puedes colocarla en un vaso y sujetarlo mientras la llenas.

Antes de empezar a decorar el pastel, practica un poco, realizando algunas líneas. Pon a la manga una boquilla sencilla del tamaño que desees. Sujeta correctamente la manga con las dos manos, utilizando una mano para guiar y la otra para presionar la manga. Sujétala formando un ángulo de 45° justo por encima de la superficie de trabajo. Ejerce presión y comprueba cómo sale la glasa por la boquilla. Apoya el extremo del hilo de glasa sobre la superficie y, a continuación, comienza a aplicarla, permitiendo que el hilo caiga sobre el lugar deseado.

Pasta suspiro para modelar y decorar *cupcakes*

Ingredientes:

✓ 1 clara de huevo
✓ 1 c. s. de glucosa
✓ 750 g de azúcar glas (aproximadamente)
✓ 1 c. c. de CMC (carboxi metilcelulosa)
✓ esencia al gusto

Se puede utilizar esta pasta para cubrir y modelar los detalles de los *cupcakes*. Como en el resto de las pastas de azúcar, se puede teñir la pasta suspiro y así obtener los colores necesarios para las decoraciones.

- Pon la clara y la glucosa en un cuenco y mezcla con la batidora eléctrica hasta obtener una preparación pálida y consistente.
- Forma un volcán con el azúcar glas, mezclado con la CMC, sobre la superficie de trabajo y vierte en él la preparación de clara y la esencia.
- Amasa con las manos hasta que obtengas una masa elástica, no pegajosa.

Preguntas y respuestas

Presentamos una serie de consejos y soluciones, en forma de preguntas y respuestas, para los casos más frecuentes con que nos podemos encontrar.

¿Por qué la textura de los *cupcakes* es demasiado dura y densa?

- Los huevos eran demasiado pequeños.
- No se ha batido suficientemente la mezcla de huevos y azúcar.
- La mantequilla derretida estaba demasiado caliente cuando se añadió.
- La temperatura del horno era demasiado baja.
- Las claras de huevo no se han batido lo suficiente. Es muy importante el punto de nieve, porque no sólo hace que la masa suba adecuadamente, sino que también hace que quede suave y esponjosa.

¿Por qué los *cupcakes* no han subido?

- La temperatura del horno era demasiado alta.
- Los *cupcakes* no se han horneado el tiempo suficiente.
- El molde de los *cupcakes* se ha movido durante el horneado.
- La puerta del horno se ha abierto demasiado pronto, creando una corriente de aire.
- Las claras no se han batido suficientemente.

¿Por qué la mezcla se ha cortado?

- Los ingredientes no estaban a temperatura ambiente.
- El azúcar y la mantequilla no se han mezclado lo suficiente antes de añadir los huevos.
- Los huevos se han añadido con demasiada rapidez.

¿Por qué la textura de los *cupcakes* es demasiado dura?

- La mantequilla, el azúcar y los huevos no se han batido juntos durante el tiempo suficiente.
- Se ha añadido demasiada harina a la mezcla.
- No se ha incorporado levadura (o no en cantidad suficiente).
- La temperatura del horno no era la adecuada o era demasiado baja.

¿Por qué la masa no queda elástica y maleable?

- Los ingredientes no están a temperatura ambiente.
- La masa está demasiado reseca; para ablandarla, se puede añadir un poco de leche.

¿Por qué cuesta desmoldar los *cupcakes*?

- El molde no se ha engrasado y la masa se ha pegado. Para evitarlo es importante cubrirlo con papel sulfurizado o engrasarlo con aceite o mantequilla y espolvorearlo con harina.

¿Por qué los *cupcakes* han subido más por la superficie y ésta se ha quemado?

- Su posición en el horno durante el horneado no era la adecuada. Normalmente, los *cupcakes* suelen colocarse en la parte central del horno.
- La temperatura del horno era excesiva, lo que impide que la masa se expanda y suba sólo por el centro, tostándose excesivamente la superficie.

¿Y si se quema?

- Descubrir que la superficie de los *cupckaes* se ha quemado es uno de los accidentes más frecuentes en repostería. Si no se ha quemado en exceso, es posible solucionar el problema con la ayuda de un cuchillo o un hilito metálico (en Ikea o en cualquier tienda especializada), de los que se utilizan para cortar una tarta por la mitad para rellenarla. Bastará entonces con raspar o cortar superficie estropeada hasta retirarla. Más tarde hay que disimular el «fallo» y cubrir la miga de la parte superior. Para ello, basta con elaborar cualquiera de las cremas que se presentan en este libro y cubrir con ella los *cupcakes*.

Pequeño glosario de reposteria chic

Pequeño glosario de repostería chic

«¿Qué es...?»

Buena parte de los utensilios y el equipo que aparecen en el libro se puede encontrar en proveedores especializados para la decoración de pasteles, y algunos de los artículos más habituales se pueden adquirir en supermercados o en tiendas de utensilios de cocina.

Alcohol alimentario

Posee un 5 % de esencia de rosas y se utiliza para pintar y eliminar las manchas de fondant. El vodka puede ser un buen sustitutivo.

Alisadores

También se llaman «espátulas» o «paletas». Estos alisadores de plástico, rectangulares, planos y con asas se utilizan para aplastar las burbujas de aire que se encuentran en el fondant y conseguir un acabado liso y brillante. Para cubrir los pasteles, necesitarás al menos dos alisadores.

Bases de goma antideslizante

Son perfectas para colocarlas sobre el plato giratorio o bajo el pastel a fin de evitar que resbale. La base también se puede colocar debajo del pastel cuando se vaya a introducir en una caja antes de su transporte.

Bases para pasteles

Normalmente están hechas de táblex o cartón de color dorado o plateado, y se pueden encontrar en tiendas de artículos de decoración de pasteles.

La base de presentación o base «final» es la más grande sobre la que se coloca el pastel para su exposición. La base de presentación debe ser entre 10 y 15 cm más grande que el pastel.

Las bases de colocación deben tener el mismo tamaño que el pastel (por ejemplo, un pastel redondo de 22 cm se debe colocar sobre una base redonda de 22 cm). Sirven como guía para la *ganache* y son una manera de manejar fácilmente el pastel y no manchar la base de presentación. Las bases de colocación las puedes hacer tú mismo a medida.

Base para pasteles casera

Plantilla de cartulina que se utiliza como sustitutivo de las bases de colocación cuando se decora un pastel que tiene una forma poco habitual.

Boquillas y acoplador para mangas

Estas boquillas tienen una forma especial con un extremo abierto que se utiliza para decorar el fondant. El tamaño y la forma de la abertura de una boquilla determinan el tipo de decoración que se va a crear. Algunas veces se llaman boquillas de decoración o de pastelería.

El acoplador se coloca entre la manga pastelera y las boquillas. Se puede atornillar la boquilla al acoplador y cambiarla con facilidad para contar con distintos tamaños y formas sin necesidad de cambiar la manga pastelera.

Cinta floral

Puede retorcerse por sí sola para crear un efecto, pero también se puede usar para cubrir los alambres o los pasadores antes de insertarlos en el pastel. Algunas están cubiertas con un papel verde.

Cobertura

Chocolate natural y dulce que no contiene grasas añadidas, excepto la manteca de cacao natural. Se utiliza para untar, moldear, recubrir, etcétera.

Cola o pegamento comestible

Se usa para unir las piezas secas del fondant como, por ejemplo, para fijar las figurillas de fondant secas a un pastel que ya está seco. No es imprescindible; si una o ambas piezas estuvieran todavía blandas, se podrían pegar con un poco de mermelada, o bien añadiendo simplemente agua o glasa real.

Colorante alimentario

El colorante en pasta es el más concentrado de los colorantes alimentarios. Mezcla esta pasta directamente en el fondant para colorearlo o con alcohol alimentario para pintar. El colorante líquido es parecido, pero menos intenso.

Cortadores

Se pueden encontrar de varias formas y tamaños; muchas veces se venden en conjunto y están fabricados en plástico o acero inoxidable.

Espátula

La espátula es un cuchillo de metal plano que se usa para alisar la *ganache* y también puede ser útil para poner el pastel de una base temporal a la base de presentación.

La espátula acodada normalmente es una espátula curvada con mango de plástico y se usa para aplicar la *ganache* de los pasteles y los *cupcakes*. Ambos tipos de espátulas se pueden encontrar en tamaño grande y pequeño.

Esteca

Herramienta especialmente indicada para modelar. Se utiliza para decorar los bordes de las superficies blandas, como el fondant.

Esteca de bola o bolillo

Palo de plástico rematado con una bola en cada extremo; se usa para realizar bordes redondos y curvas tersas cuando se quiere modelar o crear pétalos de flores.

Fondant

También se conoce como pasta de azúcar, pastillaje o masa elástica. Es una masa que primero se extiende para cubrir el pastel y después se iguala. Se utiliza para recubrir pasteles y *cupcakes*. El ingrediente básico del fondant es el azúcar glas, al que se añade gelatina neutra, glucosa y glicerina comestible hasta conseguir una pasta dulce maleable.

El fondant confiere al pastel una bonita superficie semejante a la porcelana que se puede pintar, abrillantar, acolchar, recortar o estampar. El fondant puede ser de color blanco o marfil y se puede teñir de cualquier color del arco iris.

También se utiliza para moldear y cortar formas tridimensionales con fines decorativos, como lazos, pajaritas y figuras recortadas. El fondant de calidad es caro, pero merece la pena comprarlo.

Ganache

Mezcla de chocolate y nata. Se puede elaborar con chocolate negro, con leche o blanco y se utiliza para rellenar y para cubrir los pasteles.

Gel para decorar

Gel transparente pegajoso *(piping gel)* que se vuelve fluido cuando se calienta. Se puede colorear para dar brillo al fondant seco o a la glasa real. Cuando se asienta, confiere al pastel un aspecto brillante y húmedo. También se conoce como gelatina para abrillantar.

Glasa real

Mezcla de clara de huevo o albumen y azúcar glas (*véase* pág. 171). Se puede extender sobre los pasteles y las bases y se asienta con mucha fuerza. También se utiliza para dar brillo. Puedes comprar glasa real instantánea a la que sólo tienes que añadir agua, o puedes elaborar la tuya propia.

Glaseado
Mezcla que proporciona un aspecto brillante a los pasteles o a los adornos.

Glicerina comestible
Jarabe líquido que no tiene olor ni color y que se elabora con grasas y aceites, y se utiliza para conservar la humedad y añadir un toque dulce a los alimentos. Se añade al fondant para recuperar la consistencia o para suavizar el fondant o la glasa real. También se puede emplear para suavizar los colores del fondant seco.

Harina
Se utiliza en la decoración del pastel para espolvorear la superficie de trabajo antes de extender el fondant. Se debe emplear con moderación, ya que puede secar el fondant, pero su uso es más refinado que el del azúcar glas.

Manga de papel vegetal
Manga o cucurucho de decoración desechable que se puede crear a partir de un triángulo de papel vegetal.

Máquina de pasta
Se utiliza para elaborar pasta italiana casera y resulta muy útil para extender el fondant, ya que le confiere un grosor uniforme.

Marcador de costuras (rueda de trazado)
Herramienta que contiene una sierra dentada junto a un mango. El marcador de costuras se utiliza en la confección de ropa para añadir las marcas del patrón a una tela, pero esta herramienta también crea un efecto de costura perfecto en el fondant. Existen dos tipos básicos de marcadores de costuras, uno con el borde dentado y otro con el

borde liso. Hay que comprar el que tiene el borde dentado, que se puede encontrar en las mercerías.

Mazapán

También se conoce como pasta de almendra y se elabora con almendras peladas y molidas y azúcar glas. Se utiliza aplicando una capa muy fina en los pasteles de fruta antes de que se cubran con glasa real o fondant. El mazapán también se puede usar para elaborar flores y frutas.

Papel de acetato

Muchas veces se describe como papel u hoja de plástico. Este plástico tan utilizado es un artículo estándar en el mundo de las artes gráficas, de la paquetería, de la impresión y de los revestimientos.

Pasadores para pasteles

Clavijas cilíndricas largas y finas elaboradas con madera o plástico y afiladas en un extremo. Se insertan en los pasteles a modo de pilares de apoyo para sujetar los pasteles que tienen varias capas. También resultan muy útiles para dar forma y modelar. Si tienes que insertarlos en el pastel, recomendamos cubrir el pasador con una cinta para alimentos.

Perlas de azúcar

Bolitas de azúcar redondas y comestibles que están cubiertas de color dorado o plateado y se usan con fines decorativos.

Pinceles

Los pinceles finos se pueden utilizar para pintar, cepillar las migas o eliminar el azúcar glas de las esquinas más difíciles, así como para aplicar colores en polvo o líquidos. Los pinceles anchos son muy útiles para eliminar los restos de la base del pastel.

Plato giratorio

Objeto muy útil para recubrir pasteles elaborados con glasa real o con fondant y que permite acceder al pastel desde todos los ángulos. Se puede comprar un plato giratorio en una tienda para decorar pasteles, pero también se puede usar el tipo de plato que colocaríamos debajo de un televisor.

Polvo Tylose

Se puede mezclar con el fondant, con el mazapán o con la glasa real y permite formar una pasta para moldear compacta que se seca con fuerza. El polvo Tylose también se puede mezclar con una pequeña cantidad de agua para crear una cola comestible gruesa y compacta.

Polvos

Se pueden encontrar en forma de escamas, perlas, brillo y lustre. Algunos decoradores mezclan el polvo con alcohol alimentario para aplicar directamente el color. Los polvos de lustre y perla proporcionan un efecto luminoso a las flores de azúcar.

Purpurina comestible

Se puede encontrar en distintos colores y se aplica con agua o con gel para decorar.

Raspador flexible

Puede utilizarse una radiografía (aunque puede ser difícil de conseguir), o bien un plástico fino conocido como acetato o plástico que se usa en las carpetas (las que contienen separadores en su interior). Corta el plástico formando un rectángulo que sea un poco más grande que la palma de tu mano, redondea los bordes utilizando unas tijeras y desinféctalo antes de usarlo.

Rasqueta

Pieza plana de metal o de plástico, aunque las mejores están fabricadas con acero inoxidable, con un lado recto que se utiliza para eliminar los restos de *ganache* de los laterales de un pastel mientras se está preparando y rellenando. Las rasquetas de metal se pueden encontrar en proveedores de adornos para pasteles y en Internet. Si no tienes una rasqueta, puedes usar una regla de metal. Las rasquetas de plástico también son muy útiles.

Rodillos de amasar

Un rodillo de amasar pequeño es perfecto para elaborar proyectos a menor escala y extender porciones reducidas de fondant. Los hay de todos los tamaños y precios, plegables, etcétera, y se pueden encontrar hasta en los kits de cocina para niños.

Un rodillo de amasar grande es un rodillo largo, liso y cilíndrico, que principalmente se utiliza para extender masas. Se pueden encontrar rodillos de diversos tipos: sin asas, con asas integradas o con asas que están unidas a una vara central que se encuentra en el rodillo.

Los rodillos normalmente se fabrican con madera, pero también se pueden hallar de mármol o de silicona. Elige un rodillo de amasar con el que te encuentres cómodo.

Sirope o jarabe de azúcar

Mezcla elaborada con la misma cantidad de agua hirviendo y mermelada. El sirope se extiende con un pincel sobre las superficies cortadas de los pasteles para evitar que se sequen antes de aplicar el fondant. Se puede dar sabor al sirope añadiendo un poco de alcohol, como licor de naranja.

Tubo de goma

Se puede encontrar en las ferreterías. Este tubo de plástico es muy económico, presenta varios diámetros y tiene diversos usos en repostería.

Índice

Índice